久石譲
音楽する日乗

小学館

久石 譲

音楽する日乗

はじめに

僕は作曲家である。

まるで夏目漱石の『吾輩は猫である』のような気張った言い回しですが、それは作曲が僕の天職だ、と本当に思っているからです。

朝には何も生まれていないのに、夜には新たな楽曲が未完成ではありますがこの世に生まれてくる。もしかしたら日本中、世界中の人が聴いてくれるかもしれない、まあそれは稀ですけど。その無から有を生む作曲が本当に好きです。もう一度生まれ変わっても僕は作曲家になりたい。

そんな作曲が「命」の僕でも、指揮をしたりピアノを弾くこともあります。特に近年はクラシックの指揮をする機会が増えています。そのことが再びクラシックと向かい合うきっかけになりました。

解剖学者の養老孟司先生は「名曲とは？」という僕の問いに「長く聴かれるもの」と答えられた。そのとおりで、長い歴史を生き抜いて今日聴かれるクラシックの名曲はどれも奥が深い。スコア（総譜）に書かれたそれぞれの音符や記号を読み取っていく作業の中で、僕はつくづく人間の叡智と尊厳を感じ取るわけです。そのことを多くの人に伝えたい。それも作曲家の視点で音楽史を新たに解釈してできるだけ分かりやすく伝えたい。それがこの本の一つの目的なのですが、もう一つ「現代の音楽」の重要性というか必要性を訴えたいということもあります。

現在、東京だけでも10くらいのプロのオーケストラがありますが、その多くは古典派から後期ロマン派くらいまでのわずかな間で作られた曲をとっかえひっかえ演奏している状態です。それぞれのオーケストラが年間１００回以上のコンサートを行っているのですから、その似たり寄ったりさはほとんど混乱状態ともいえます。

クラシックは古典芸能ではない。過去から現代につながり未来を展望する、そのためには今日の音楽、リアルタイムに作られている「現代の音楽」を出来るだけたくさん聴衆の耳に届ける必要がある、それが僕の考えです。もちろんそれを果敢に実践されているオーケストラもありますが、膨大なコンサートの数から考えると砂丘の一粒にしかなりません。

作曲家側にも多くの問題があります。個の世界に入り込み、聴衆や演奏家の事を全く考えていない。独りよがりに加えて演奏が難しいとなれば、取り上げられなくなるのは仕方ないのかもしれません。この辺りは僕も耳が痛い（笑）。

しかし、古典芸能にしないためには現代の音楽を取り上げるしかない。僕が指揮をしている理由《わけ》はここにあります。特殊な現代音楽コンサートではなく、普通のプログラムに古典と現代の音楽が共存し、普通に観客に伝える。リアルタイムの音楽を直接観客に伝えたい、そんな活動の思いをこの本に書いたわけです。

少しでも音楽を身近に感じてもらえれば、筆者として幸せです。

久石譲　音楽する日乗——目次

Ⅳ

考える

V 創る

・本書は、小学館発行『クラシックプレミアム』誌に平成26年1月から平成27年11月まで連載された記事をもとに、加筆して再構成したものです。第Ｖ章の対談は、書き下ろしです。
・本文に適宜、註（※）を伏し、各章の最後に掲載しました。

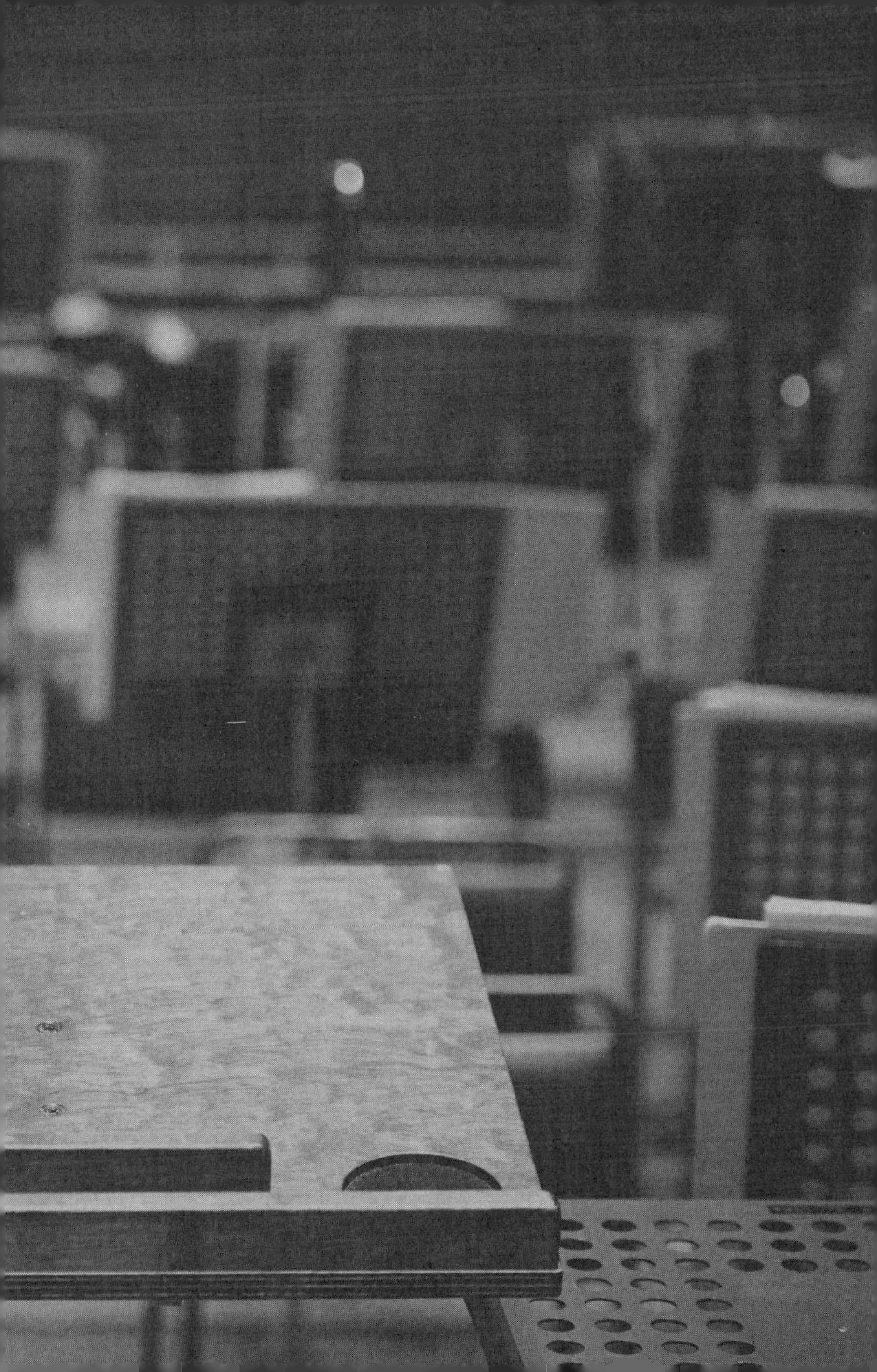

I 振る

《第9》を指揮して思うこと

最近、クラシック音楽の指揮をする機会が増えてきて、2013年12月、ベートーヴェンの交響曲第9番《合唱》を読売日本交響楽団で指揮することになった。いろいろ音楽をやってきた僕にとっても、《第9》は最高峰の作品だ。

日本では年末になると盛んに演奏されるが、海外で上演の機会はそれほど多くない。オーケストラにコーラスや4人の独唱者が加わることもあり、なかなか上演しにくい作品だ。そして難解。演奏も難しい。ちなみに、この難しい曲をたくさん上演している日本のオーケストラは、世界で一番うまく演奏すると僕は思う。

その《第9》がなぜ日本でこれほど人気があるのか、という問題はとても興味深い。古くは演奏家にとっての正月の〝餅代《もちだい》〟としての側面もあったともいわれ、さらには日本人のメンタリティや日本人にとってのクラシックとはなにか、といったところにも話は広がるのだが、それについてはまた別の機会にじっくり書こう。

《第9》は、ベートーヴェンの晩年、亡くなる3年前の1824年、《荘厳ミサ曲》と同じ年に初演された。が、いつしか忘れ去られる。1831年パリで、この曲に惚《ほ》れぬいたフランスの指揮者アブネック※1が再演。ただしこの時は第4楽章を除き、しかも楽章の順序を入れ替えての演奏だった。このアブネック指揮の《第9》に深く感銘を受けたのが若きベルリオーズ※2やワーグナー。[※3]ワーグナーはパリ滞在中の１８４０年に聴き、衝撃を受け、みずから本格的な復活上演を目指す。ドレスデンの宮廷楽団指揮者になったのちの１８４６年、ようやくその念願を果たし、これが本格的な《第９》再評価の始まりとなった。《第９》がなかったら、ワーグナーのその後の楽劇もマーラーの声楽つきの交響曲も生まれていなかったかもしれない。《第９》の基本的な構造は第５番《運命》と同じ、苦悩から歓喜へという図式。この構造は聴く側もカタルシスを得やすい。耐えに耐えたあとの最後に来る解放。それを明確に示した曲が《第５》であり、《第９》だ。人間の生理に根ざしたものともいえる。ある意味、きわめてシンプルで明解な作品だが、そのシンプルさに難しさがある。

実際に自分で指揮をしてみて、やはりとても苦しい。あまりにフォームがロジカルにできている。特に第１楽章から第３楽章まで、長い楽章のすべてが、非の打ち所がないほどのロジックで厳密に組み立てられている。高い山をひたすら一歩一歩踏みしめて、今は何合目、今は何合目と登っているようだ。途中、「ここでこう来ましたか」と才気煥発さにうなり、それを指揮に活かせるところはない。音の素材は、ぎりぎりまで切りつめられた要素だけ。料理で言えば、キャベツとお肉だけのようなもの。作曲という視点から言えば、これ以上クリアなものはないというくらい、混じりっけのない分散和音[※4]でできている。もっとも高度な方法を第１楽章で突き詰めているのだ。第２楽章も第１楽章のコインの裏と表。クリアで明快。そして第３楽章の天国的な美しさ。こまかく配置されたファゴットの音など、作曲のバイブルとも言える奥義がある。

そして第4楽章となるのだが、第3楽章までのまとまりの良さを考えたとき、はたして第4楽章は本当にすごいのかという疑問も出てくる。《第9》の最大の特徴は、第4楽章のコーラス。ただ僕は、第4楽章はベートーヴェンのプロデューサー的能力が発揮されて、まったく新しい音、つまり「声」が加わったと考える。第3楽章までの息の詰まるような苦しさを第4楽章で打破したい、もうオーケストラの音は使い切った、ベートーヴェンはそう考えたのではないか。さらに、「声」を交響曲に入れたら今までにない新しい音楽ができる。聴衆も楽曲の依頼主も喜ぶのではないかと考えたのかもしれない。作曲家は孤高に生きているだけではない。

しかも、その「声」の扱いはとても器楽的。「歌」ではなく「声」。シラーの詩が使われているが、詩の世界を表現しようというのとも違う。冒頭をベートーヴェン自身の言葉で始めているし、シラーの詩もすべてではなく、選んで使っている。

晩年、ベートーヴェンは甥カールに絡む親権問題で悩み、難聴に苦しみ、自らの老いに向かっていた。だからこそ、作りたい、作らねばならないという強い意志、激しい衝動に突き動かされながら、ベートーヴェンの想いは、人生への想いとなり、さらに人類に対する想いとなり、人の「声」とともに、《第9》に結実したのだ。

こう書いてきて、クラシック音楽は知れば知るほど奥が深いものだと思う。ポップスほどの間口の広さはないが、知識と共に関心が深まり面白さも広がっていくからだ。

クラシック音楽を指揮するようになるまで

実は、僕は子供のころからクラシック音楽が好きだったというわけではない。むしろ歌謡曲やポップスのほうが身近にあった。クラシックも聴いたとはいえ、家に帰ったら絶えずクラシック音楽が流れているといった環境ではなかったのだ。

中学、高校のころから、いわゆる現代音楽、例えばシュトックハウゼン[※5]やジョン・ケージ[※6]のほうにかぶれていたし、音楽大学で作曲科に入ると、ますます現代音楽に傾倒していった。クラシック音楽に向き合うというより、古いものはもういらない、古いものを壊して新しいものを作るのだという意識が強かった。1970年前後の、あの時代におけるロックの精神みたいなものだ。ベートーヴェン[※7]やマーラー[※8]を分析している暇があったら現代音楽をするのだと、大学の勉強はそっちのけで、現代音楽にいそしんだ。だから、大学時代にきちんとクラシック音楽を勉強するということもなかったのだ。

そして20代から、現代音楽、なかでもミニマル・ミュージック（音の素材をミニマル＝最小に切りつめて扱う音楽。パターン化された音型を反復しながら少しずつずらしていき、その微細な「ズレ」を楽しむ）を始めた。そのころ僕は前衛音楽の作曲家、「芸術家」だったのだ。10人ほどの即興演奏の集団をまとめて、ミニマルの図形楽譜（通常の五線譜による楽譜ではなく、図形などを用いた楽譜）を書き、小さな会場でコンサートをしていた。

でも結局、それをやめることになる。なぜなら、現代音楽は、どう思考したかの問題に終始してしまうからなのだ。そして相手の論理的なまずさを鋭く追及し、論破することで自分の音楽の概念を打ち立てようとする。そこにあるのは音楽ではなく、空虚な論理性にすぎない。「音楽とはなんぞや」という問題をどう思考したかの証《あかし》としての音なのだ。誰かが聴いてその音楽を喜ぶか、など誰も考えていなかった。いつしか心は離れていった。30歳前後のことだった。

ミニマル・ミュージックというのは、同じパターンを繰り返すスタイルの音楽だ。ところが、イギリスからロキシー・ミュージック[※9]というグループが出てきた。そこにはブライアン・イーノ[※10]たちがいた。ドイツからはテクノポップのクラフトワークの活動も聞こえてくる。自分たちはなぜこんなところで頭が痛くなるまで、議論しなければならないのかと疑問に思っているときに、彼らは同じようなことをもっと自由にのびのびとやっている。それなら僕は向こうへ行くよと、現代音楽の作品を書くのをやめ、ワンダーシティ・オーケストラの名で初めてのオリジナル・アルバム『INFORMATION』（1982年）を作り、ポップスのフィールドに入っていった。

でも僕は、自分のことをメロディー作家だとは思っていなかった。その後、偶然にもアニメーション映画監督の宮崎駿《はやお》[※11]さんと出会い、『風の谷のナウシカ』（1984年公開）の音楽を担当することになった。僕が33歳のときのことだ。これが評判になり、それからずっと映画音楽に関わることになる。

映画音楽を書きだすと、はじめはシンセサイザーを使っていたのだが、だんだん、弦楽器やオーケストラなど生の楽器を使う機会が増えてきた。特に『もののけ姫』（1997年公開）のころから、フルオーケストラで映画音楽を書くようになった。フルオーケストラの見本はクラシック音楽にたくさんあった。多くの作曲家が命をかけて作った交響曲など、長い年月のなか生き残ってきた名曲が山ほどある。そこにはオーケストラ曲を書くためのコツ、秘密が満載されていたのだ。大学時代にクラシックをもっと勉強しておけばよかったと、つくづく後悔したものだ。

スコア[※12]（総譜）をながめるだけでも、その秘密は探れる。だが、本当に自分の血となり肉となるには、自らその作品を指揮するのが一番だと思う。自分でオーケストラに指示し、音を出させるのだから。これが、僕がクラシック音楽を指揮してみようとしたきっかけだった。あくまで、自分の作曲活動の役に立つと思って始めたのだ。でも、そこから僕のクラシック音楽との新たな関係が生まれることになっていくのだった。

指揮者についてのあれこれ

世の中には、似たような職種が3つあるという。例えばオーケストラの指揮者、映画監督、野球の監督。そこに共通しているのは？　自分では何もしないということ。

指揮者は観客に背を向けたままだし、演奏会のはずなのに自分ではいっさい音を出さない。映画監督は、映画なのに自分では演技もせず、フィルムに映ることもない。プロ野球の監督は、バッターボックスにも、ピッチャーマウンドにも立たない。この3人は、みんな何もしていないように見えるのだ。

しかし、この3人が優秀か否《いな》かですべてが変わってしまう。つまり方向性を出すか出さないかの違いだ。映画で、いくらいい役者を揃《そろ》えても監督の意志が明確でないと、いいものはできない。オーケストラも同じ。現在のオーケストラのひとりひとりの奏者は大変優秀だ。どうしたいかをはっきり出せば、それを実現するテクニックはある。問題なのは、指揮者が何をしたいかがはっきりしないとき、伝わらないとき。

何もしないこの3人の共通項は、強い意志が必要だということだ。それがぶれたとき、現場はみんな瀕死《ひんし》の状態になる。逆に、うまくいったときの喜びは表現のしようがないほどだ。僕が指揮をしていて、オーケストラの奏者に困難を強《し》いることがある。そんなときは、こちらも心が痛い。嫌がっているな、怒っているなと思っても、そこで妥協したときすべてが終わる。

だったら最後までそれを通して、やりきったとき、相手に「あなたの指示は本当にしんどいけど、やりたいことはわかった。よかったよ」と言ってもらえる可能性はある。それは観客に伝わる。つまり、オーケストラを説得できないのに観客を説得することはできないということだ。それが伝わり、できたときが、まさに指揮者の醍醐味でもある。

ここで、少し具体的な話をしよう。ベートーヴェンの交響曲第9番の演奏の難しいポイントの一つ、第3楽章のテンポの問題。

ゆったりと始まるこの楽章、途中、拍子が4分の4拍子から8分の12拍子に変わるところで、リステッソ・テンポ（1拍の長さを前と同じ長さに）という速度表示になる。そこからヴァイオリンがとても細かいフレーズをきれいに刻むところなのだが、冒頭を僕がやりたいテンポで演奏し、そのリステッソ・テンポから1拍の長さを同じにするとヴァイオリンの動きがかなり速くなる（ちなみにクラウディオ・アバド[※13]はそうしたテンポをとっている）。いっぽう、昔かたぎの指揮者は出だしをすごくゆっくりと演奏し、リステッソ・テンポをちょうどよい速さにする。どちらもベートーヴェンをリスペクトした、楽譜に忠実な演奏といえる。それに対し、出だしはあまりゆっくりせず、ほどほどの速さにし、リステッソ・テンポでは速度を落とす演奏もある。実はこれが一番多いのだが、ベートーヴェンの指定に反する。

では自分はどうするのか。どのテンポを選ぶのか。指揮者はそれを決断し、オーケストラを納得させていかなければならない。それは単にテンポだけの問題ではなく、細部も含めた曲全体の構成にも関わっていく。指揮者は何もしないのではないことを、おわかりいただけるだろうか。

生《なま》のオーケストラでクラシック音楽を指揮するということは、いろいろなことをリアルタイムで音を出しながら確認でき、それがうれしい。じつは作曲家で指揮をする人は意外に少ないが、それは残念なことだと思う。頭だけで作曲し、現実と自分がやりたいこととがどんどん乖《かい》離《り》してしまうからだ。現代音楽の作曲家ペンデレツキ※14もよく指揮をし、「曲だけ書いていてもだめだよ」と言っている。自分が演奏して思い通りにならなかった点を確認し、観客の反応も見てやっていかないと、よりよい音楽活動はできないのだと。作曲と演奏は分離してはならず、連動していくべきなのだ。それは作曲家にとってもオーケストラの未来にとっても、とても重要なことだと僕は思う。

ところで、オーケストラの指揮を考えるとき、大事だと思うのは、演奏回数とレパートリー。若い時期から経験を積んで、一つの曲を何十回と振り、レパートリーも３００曲、４００曲と広げていってこそ、クラシック音楽の深みが見えてくるような気がする。それを考えると僕はあまり時間がないぞ、と思うこのごろである。

僕が指揮をするわけは？

ところで、職業としての指揮者が確立されたのは一体いつなのだろうか？　専業の指揮者というのは専業のオーケストラがなければ存在しない。貴族のサロンやパーティーでの演奏は少人数の演奏者でまかなえるから、その段階ではコンサートマスター（ヴァイオリンのトップ）かせいぜい作曲家が自作の指揮をしていたにすぎない。

だが、おそらく19世紀初頭で、一般の人を対象にしたコンサートやオペラが日常的に始まり、それなりのコンサートの回数をこなすためにも、レパートリーの確保や安定したオーケストラの活動組織が必要になった。いわゆるプロの演奏集団の出現だ。

もっと昔は別の職業を持ちつつ夜な夜な集まっては音楽を楽しんでいた時代もあったはずだ。例えばバリ島のガムラン音楽[※15]には専門の演奏家はおらず、昼間は畑を耕したり、民芸品を作っていたりするのだが、夜になるとあのカラフルな民族衣装を身にまとって青銅や竹の楽器に向かう。少なくとも僕が最初にバリ島に行ったときはそうだった。その後、観光客が押し寄せるようになり、専業のガムラン奏者が存在するようになったと聞く。日常にあった音楽がパッケージ化された商品になったわけで、生活の糧を音楽でまかなえるのはいいが、失ったものも多いと僕は考える。

話を戻すと、オーケストラの出現に伴い、職業としての指揮者も必要になる。作曲家が自作を振るのではなく、かなりのレパートリーをこなせる指揮者だ。おそらく多くの指揮者が現れたと思われるが、意外にもその時代のオーケストラ指揮者は何よりも創作者、作曲家が中心だった。考えてみれば指揮者はスコア（総譜）を読まなければならないし、それを日常で書いているのは作曲家だからそうなるのも当然か。

なかでもメンデルスゾーン[※16]はオーケストラの指揮の伝統を実際に確立した最初の人であり、ライプツィヒのゲヴァントハウス管弦楽団を率いて、演奏会シーズンを運営、指揮して自作ばかりではなくワーグナーなども演奏していた。だが、ピエール・ブーレーズ[※17]の著書によると、ワーグナーはそれを喜ぶどころか自分のテンポ指示を守らず、意図も歪《ゆが》めたとメンデルスゾーンを非難した。当時、ドレスデン（ワーグナーはここの指揮者だった）とライプツィヒはライヴァル関係にあったことも関係しているのだろうか。ユダヤ人作曲家であるメンデルスゾーンはとりわけ様式概念を持っており、ワーグナーとは合わなかったのかもしれない。しかしメンデルスゾーンの大きな功績はバッハ[※18]の《マタイ受難曲》を初演の１００年後に復活上演したことだ。それによってこの偉大な名曲は人々に認知され今日に至っている。

前にも書いたが、ワーグナーはベートーヴェンの《第9》を22年後に復活させているし、リストはピアノ奏者をやめ、作曲に専心するが、ワイマールで演奏会やオペラを指揮していて、とりわけ１８５０年にはワーグナーの《ローエングリン》の初演も指揮している。またベルリオーズが書き記しているオーケストラの配置図などを見ていると、彼がいかにオーケストラを熟知していたかがわかる。

ベルリオーズとワーグナーの指揮についておもしろい資料がある。１８５０年ころのロンドンでの彼らの演奏会の批評だ。ワーグナーの指揮はあまりにも不安定で捉えにくいとされ、ベルリオーズの指揮は逆に明断《めいせき》で活気に溢れていると好評だった。このあたりは作曲家としてのそれぞれの特徴にシンクロしているようで興味深い。

たしかにその時代、パリにはアブネックという優れた指揮者も存在したが（彼はベートーヴェンの《第9》を第4楽章抜きだったり、第1→第3→第2楽章の順で演奏していたこともあるらしい）、歴史に残った19世紀前半のオーケストラ指揮者は何よりもまず創作者だった。その後もこの系譜はマーラー、リヒャルト・シュトラウス、※19そしてブーレーズへと繋《つな》がっていくのである。

それでは作曲家兼楽器奏者と作曲家兼指揮者の違いは何なのだろう。ブーレーズによれば「前者は日常的とまでは言わないにせよ、少なくともあまり大きな中断のない筋肉の訓練を必要とし、そうすることによって楽器の名手としての能力を維持するが、他方、後者の方は、専門家としての技能を手中にしていれば、断絶の影響を恐れることなく、いつでも自分の活動を中断したり再開したりできる」。なるほど、おこがましいが僕が最近ピアノを弾かなくなった理由と指揮をするわけがわかった気がする（笑）。

作曲家と指揮者の関係

19世紀の後半になるといわゆる専門のオーケストラ指揮者が続々登場してくる。なかでもワーグナーの薫陶を受けたハンス・フォン・ビューロー[※20]（彼は1865年に《トリスタンとイゾルデ》を初演している）、1876年にバイロイトで《ニーベルングの指環》4部作を初演したハンス・リヒター[※21]、そして1882年に《パルジファル》を初演したヘルマン・レヴィ[※22]などは師であるワーグナーの影響が色濃くあったといわれている。

ではその影響とは何か？　極言すると「楽譜の書き換え」なのである。ワーグナーはモーツァルト[※23]の《ドン・ジョヴァンニ》を再管弦楽化（1850年）し、グルック[※24]の《アウリスのイフィゲネイア》も同様に再管弦楽化したばかりでなく、1曲独自のアリアを作曲さえした。つまりワーグナーの考えるオペラ、あるいは楽劇という概念に合致するように、あるいは自分の考えの正当性を歴史的価値観と融合させるように、過去の作品を「書き換える」のである。

具体的には音を加えたり、ニュアンスを変更し、作曲家の指示したテンポとはかけ離れた速さで演奏したりすることなのだが、ワーグナーに関わった指揮者たちも例外ではなかった。その証拠に、優れたピアノ奏者でもあったビューロー（彼はマーラーの弟子入り希望を断った）によるベートーヴェンのピアノ・ソナタの校訂版では多数の加筆がオリジナルに加えられている。つまりオリジナルを現代の指揮者のようには過剰に尊重していないのである。そうした態度はマーラーにもあり、シューマンやベートーヴェン[※25]の交響曲にさえ加筆している。ジョージ・セル[※26]指揮、クリーヴランド管弦楽団でのシューマンではしばらくこの版を参考にしていた。

この加筆、再管弦楽化は作曲家兼指揮者がよく行う行為だが、作曲家は作品を自分の考えた歴史的価値観に従属させる。数多《あまた》ある作品の中から、現在自分の考える音楽観に照らし合わせて、音楽史を頭の中で書き直すのである。もちろん作品の本質を歪《ゆが》めるほどではなく、近代オーケストラになったが故の適合化と僕は考えたい。

僕自身にもそれほど大それた考えではないが、書き換えたいと思うことは度々ある。例えばベートーヴェンの交響曲第5番や第9番にさえ、ある箇所では到底このままでは聞こえないと思われるパッセージ[※27]があって他の楽器を加えたくなるし、ブラームスやシューマン[※28]における過剰な音の重ね方には、音を抜きたい衝動を抑えるのに苦労する。けれども現代の著作物に対する考え方と作曲家に対するリスペクトから、僕は原曲をできるだけ忠実に再現するように努めてはいるのだが。

さて、ワーグナーからマーラーに至る時期は、作曲家と指揮者の関係がとても密接であった。巨大なオーケストラを自在に操り、自ら作曲した曲や過去から掘り起こした名曲を自己の価値観で世に出せたが、それはリヒャルト・シュトラウスで終止符を打つ。彼らの後になると作曲家兼指揮者という職能は例外になった。もちろんいないわけではないが、より分業化された現代では、両立させることは時間的にも精神的にも難しくなった。

ピエール・ブーレーズは20世紀を代表する作曲家の一人であるが、指揮者としての業績も引けを取らない。自ら創設した室内アンサンブル、ドメーヌ・ミュジカルを率いて自作や現代音楽からスタートして、南西ドイツ放送交響楽団で予定されていた指揮者の代役として本格的指揮者の道を歩む。その後の活躍でクリーヴランド管弦楽団、BBC響、ニューヨーク・フィルなどの主要なポストを務めたのは周知の事実である。圧倒的な分析力、譜面の読解力によって、多少ムードに引きずられがちな（甘めなメロディーや、クライマックスの過剰な陶酔感など）他の多くの指揮者とは違った冷徹なまでの作曲家の世界（その拙《つたな》さを含めて）を構築する。

ならば、先ほど書いた作曲家と指揮者の両立は難しくないではないかということになる。ブーレーズは例外なのか？

いやいや、そうではないのですよ、これが。ドメーヌ・ミュジカルを率いていたころの作曲量に比べて、その後の指揮活動におけるそれは極端に落ちているんです。考えてみればマーラーもそうだった。激務の指揮活動を毎年夏の数ヶ月だけ休み、南オーストリアのマイアーニヒ山荘でシンフォニーを書いていた。作曲家としては《ウエスト・サイド・ストーリー》などで知られ、指揮者としてもカラヤン[※29]と双璧といわれたバーンスタイン[※30]も「例えばマーラーを振るときの3ヶ月前からは一切の作曲活動は困難だ。作曲家の書いたスコアに没頭するとき、自分の音は頭に浮かばない」と言っている。

それでは作曲家兼指揮者と通常のオーケストラ指揮者は何が違うのか？

作曲家兼指揮者とプロの指揮者の違いとは

作曲家兼指揮者の場合、多くは自分の曲を振ることから指揮を始め、同時代の、あるいは興味のある他の作曲家の作品を振りながら徐々に古典楽曲にレパートリーを拡げていく。また作曲者が自らの曲を振る場合、オーケストラとの関係性において、圧倒的に有利な立場にある。何故《なぜ》なら作曲者は自ら書き上げたものなので、曲の隅々まで知り抜いているが、オーケストラの奏者は多くの場合、初めての体験ということになる。

だが、実際そうだろうか？　作曲家は自ら書いた楽曲を隅々まで覚えているのだろうか？シェーンベルク[※31]は「私は自作を、自分がそれを書いた際に少なくとも一度は耳にした」と語った。つまり作曲の際に音を決めていく段階で音の輪郭を確認してはいるが、はなはだ抽象的なのである。コンピューターも使わず、頭の中で考えた音楽を譜面に書き連ねていくスタイルで作曲していく場合は、特に現実的な演奏とのあいだに大きなギャップが生まれる。ピエール・ブーレーズは「私は、自分の作曲した作品について、それを何回か指揮した後でしか個人的に寛《くつろ》げない。私はそのときになってようやく作品を端から端まで手中に収めるのだ」と言う。つまり自ら書いたからといって、最初に振るときはオーケストラに対して圧倒的に優位な立場ではなく、何回か振った後でなければ、楽曲の理解はできないということだ。さらに問題がある。

そのことを痛切に感じたのは、僕が台湾で指揮したときだった。演奏はナショナル・シンフォニー・オーケストラ（国家交響楽団）で、自作の《フィフス・ディメンション》を改訂初演したのだが、リハーサルの初日は作曲者自ら振っていることもあり、こちらが主導で進んでいった。オケの団員は目を点にしながら、不安そうな表情でこちらを見ていた。大丈夫、大丈夫と目でにこやかに応答しながら初日は終えたのだが、2日目の後半から立場が入れ替わった。

その前に曲の内容を説明すると《フィフス・ディメンション》は、ベートーヴェンの《運命》のリズム動機（有名なダダダダー）と音程を音列化し、ミニマル楽曲として作ろうとしたのだが、作曲していた最中に東日本大震災が起こり、それが影響したのか激しい不協和音とエモーショナルなリズムに満ちていて演奏がとても難しい。今回はさらに手を加えてより完成度を上げたのだが、難易度も計り知れないほど上がった。指揮していた僕が「この作曲者だけはやりたくない！」と何度も思った、本当に。

それで2日目に臨んだのだが、不協和音にシンコペーション、テンポチェンジと変拍子の中で飛び交うパッセージに悪戦苦闘していた僕はあまりに余裕がなかった。指示を待つ団員の表情が彼ら自身に対する不安から、僕に対する不安に変わっていくようにすら感じた。さすがに一流のオーケストラの団員、最初は戸惑っていたが、僕の期待に応えるべく、パート譜越しに楽曲イメージを的確に摑《つか》んでいって、まだ如何《いか》に振るかで汲々《きゅうきゅう》としている僕を追い越していってしまったのだ。作曲者としてはありがたいが、指揮者としてはちょっと情けない。一般的に作曲家兼指揮者は、オーケストラを振るという経験値の少なさが、あるいはプロとしての技術力の不足が最大の問題になる。逆にいうと、技術というものは経験の裏打ちによってしか獲得できない。実践からしかその先の技術は学べないのだ。

僕自身、同じ日に台湾で演奏したベートーヴェンのピアノ協奏曲第5番《皇帝》（ソリストは韓国の若手ソン・ヨルムさん）、交響曲第5番《運命》にも当てはまる。《運命》は何度か演奏しているので、寛いで演奏できたが、《皇帝》は初めてだったのでソリストに迷惑がかからないようにかなり神経を遣った。ここでも経験値が大きく作用してくる。

ではプロのオーケストラ指揮者はどうか？　まず充分にスコアを読み、危険なまでに限られたリハーサルの中でなんとか作曲家の意図するところを実践しようと試みる。ここまでは作曲家兼指揮者も同じだが、プロの指揮者は同じ作品を度々演奏することにより、その優れた点や脆弱《ぜいじゃく》な点を知っているということである。ストコフスキー[※32]は「オーケストラ作品のスコアを読む際、自らしかるべき位置にはまっていくような、容易なパッセージに私は手間取ることは決してない。逆に難しい箇所は、適切に演奏されるよう注意して稽古しなければならない。難しい箇所をなおざりにすれば、劣悪化するばかりだろう」と語っている。つまり限られた時間の中で何を優先するか、的確に見積もるのがプロの指揮者の優位性だということだが、果たしてそうだろうか？　そして作曲家兼指揮者の優位性はないのだろうか？

作曲家兼指揮者の有利な点

ストコフスキーは指揮をするにあたり「易しいところより難しいところをしっかり練習する」ということだが、僕の考えは少し違う。確かにオーケストラとの限られたリハーサルにおいて、時間を有効に使うということではそのとおりなのだが、どういう音楽を作るか？　どの方向に持っていくか？　という本質的な問題に関しては、容易なパッセージ、一般的な慣例に基づくフレーズこそ問題になる。難しい箇所はオーケストラ奏者自ら緊張感を持って臨んでおり、よほど拙い指揮者でない限り、そこから発せられる音楽的メッセージに大きな差はない。もちろん基本的なアプローチの差があるのは当然だが。他方、容易なパッセージ、あるいはフレーズが続くところは、放っておくと凡庸になりがちで、音楽を陳腐なものにしてしまう危険性がある。

作曲家兼指揮者はそのことに関して敏感だ。最高の演奏解釈者は作曲家だといわれることがある。スコアがどのように構成されているか独自の視点で分析し、楽曲の全体像を組み立てる。スコアに書いてある音符や記号を丹念に読み取って、作曲者の思考を辿《たど》っていく。この分析的手段を利用できる点で、作曲家ではない演奏解釈者より有利である。

ピエール・ブーレーズは「演奏家には、展開の諸段階を叙述し、自分の援用できる解釈資料の助けを借りて作品の広がりを把握することはできるが、多分、作曲の内在的なメカニズム、どのようにして、またなぜ、作曲家が一定の音楽事象の連続を書いたのかを作曲家ほど容易《たやす》くは理解するに至らないだろう」と書いている。

作曲家の楽曲解釈が有利な点をブーレーズも認めているが、同時に「けれどもそうした作曲家の認識には限界がある。ベートーヴェンの『大フーガ』の深い謂《いわ》れは誰にも決して解読できないだろう。知識が直感の神秘にぶつかる瞬間があるのだ」とも書いている。

「直感の神秘」、そのとおりである。このことは拙書『感動をつくれますか?』、養老孟司《ようろうたけし》先生[※33]との共著『耳で考える』でも繰り返し書いた。作曲家が楽曲を作り出す最後の判断は、論理性でも感性でもなく、経験を含めたその本人の直感であると僕は考える。直感と書くと何だかやはり感覚的なものと捉えられるおそれがあるので、別の言葉に置き換えると「無意識下の判断」ということになる。作曲家がどんなに分析的手段を講じても、結局のところ偉大な楽曲の深淵を覗《のぞ》くことは、あるいは核心に触れることはできないのである、感じることはあっても。

《大フーガ》(弦楽四重奏曲　作品133)のことを考えると僕はいつも頭がクラクラし、目眩《めまい》を覚える。何時《いつ》果てるとも知れず続くフーガは作曲家の分析的解釈を拒み、そこにある緊張の連続は多分にミニマル的でもあるが、多くの作曲家に作曲することへの絶望、困難さを教える。この永遠に前衛的であり続ける楽曲を聴くたびに僕は思う。

「作曲することが一番むずかしい」

ブーレーズが指揮するストラヴィンスキー[※34]の《春の祭典》に出会ったのは高校生の終わりか大学生のころだった。衝撃を受けた。まったく新しい解釈だった。リズムの構造が手に取るようにわかり、スコアの欠陥の部分（どの楽曲にもある）をそのまま聴こえるように突き放している。楽曲のダイナミズムはスコアが指し示したとおりで余計な解釈がない。結果、リアルなストラヴィンスキーの《春の祭典》がそこにあった。後年、作曲者自身が指揮する同曲を聴いたがこれはなぜか違和感があった。あまり指揮の技術がうまくなかったといわれている問題もあったと思うが、実は、作曲者自身が振る場合の欠点もある。

また、この《春の祭典》は指揮者のアイデンティティーがそのまま表出してくる楽曲でもある。《火の鳥》や《ペトルーシュカ》にも出てくるロシア民謡的フレーズを活かしながら後期ロマン派の延長と位置づける指揮者と、まったく新しい20世紀の始まりとして捉える指揮者の二つのタイプだ。ヨーロッパの指揮者には伝統を重んじているせいか前者が多いし、ロシア出身の指揮者に至っては若い指揮者までほとんどこのタイプだ。僕は圧倒的に後者を支持する。

ブーレーズが行った原始リズムを中心とした《春の祭典》の徹底分析は凄《すさ》まじい。ほんのかすかな弦のトリル[※35]からこの楽曲の本質を感じ取り（インスピレーション）、さまざまなリズムと和音を解剖しながら全体の構造に迫るその迫力において、この楽曲はまさにブーレーズの作品にもなっている。つまりこれが、作曲家兼指揮者の規範なのだ。この本に何度も彼が登場するのはそのせいである。

作曲家兼指揮者がこの時代に指揮をする意味とは何か？

ちょっと大げさだが、僕の考えでは、まずクラシック音楽は古典芸能であってはならない。過去から現代に繋《つな》がって、未来に続いていく形が望ましい。そのためにはオーケストラをはじめ演奏家は「現代の音楽」をもっと積極的に取り上げたほうがいい。作曲家兼指揮者は特にこの問題に対しては最前線にいるのだから、誰よりも積極的に取り組むべきだと考える。

古典といわれる歌舞伎、能の世界でさえ新しい試みを積極的に行っているのだからなおさらだ。他方クラシックの聴衆さえ育っていない（むしろ減っていく）なかで、そんなわけのわからない不協和音を演奏したらもっと観客が減るという意見もある。

クラシック音楽の関係者の話だと、新しいものでもベルリオーズの《幻想交響曲》が限度だという。バルトーク[※36]、ストラヴィンスキー、ラヴェル[※37]でさえお客さんは来ないとも話していた。もしこれが本当だとして、ベルリオーズくらいまでしか演奏しなくなったら、日本のクラシック界は雅楽と同じ過去だけを向いた古典芸能になってしまう。その上、在京のオーケストラだけでもかなりの数があるのに、それが似かよった古典プログラムを常時行っていたのではマンネリ化するのは目に見えている。社会的状況、高齢化などさまざまな問題もあるだろうが、未来に繋がる曲を見つけ、育てることが必要だと僕は考える。

もちろん、果敢にチャレンジされているオーケストラ、演奏者を僕は知っている。先日聴きに行った準《じゅん》・メルクル指揮[※38]、新日本フィルやシャルル・デュトワ指揮[※39]、NHK交響楽団（これはテレビで観た）でも、それぞれストラヴィンスキーの《花火》、デュティユー[※40]の《チェロ・コンチェルト》など普段あまり演奏されない楽曲を演奏していた。が、それはごく少数であるし、もっと新しい楽曲に関しては年に数回の現代音楽マニア向けのコンサートとしてしか機能していないのも事実だ。

１９７０～80年代の日本ではもっと積極的に「現代音楽」を取り上げていたが、21世紀に入った今日の日本では急速に演奏の機会が減った。恐ろしいまでの保守的退行であるが、その原因は作曲家側にもあったと僕は思う。

音楽学者の岡田暁生《あけお》氏[※41]も書いているとおり、「現代音楽」と「現代の音楽」は違う。「現代音楽」の作曲家は、養老孟司先生のいう「脳化社会」と同じであって、頭だけで作り上げたバーチャル世界である。スコアが真っ黒になるまで書き込まれた細かな音符を作曲家自身がどこまで把握していたのだろうか？　頭ですべての音が響いていたのだろうか？　そのような楽曲を作るしかなくなった作曲家の状況も考慮されるが、それを聴かされる聴衆もたまったものではない。

そしてその反動からミニマル・ミュージックなどが生まれ、ドナウエッシンゲン音楽祭から始まったいくつかの前衛スタイルを実践していた作曲家、例えばトーン・クラスター奏法[※42]のペンデレツキ[※43]はその後、新古典主義のスタイルになりショスタコーヴィチの後継者のような音楽を書く。東欧の作曲家、アルヴォ・ペルト[※44]、ヘンリク・グレツキ[※45]などはセリー[※46]の書法を捨て、教会音楽や、中世の音楽をベースに調性のあるホーリー・ミニマリズム（聖なるミニマリズム）とカテゴライズされるスタイルに変わっていった。ただし彼らはミニマルにこだわってはいなかったのだが。

このような音楽の動きを日本のクラシック界で聴くことはできない。ヨーロッパでミリオンセラー（実際の枚数は把握していない）の売り上げといわれる彼らの楽曲は、欧米のオーケストラでは必ず演奏されている。日本があの東日本大震災にみまわれたとき、ベルリン・フィル（指揮はベルナルト・ハイティンク）が追悼で演奏した曲もルトスワフスキ[※47]の《葬送音楽》だった。それだけ普通に、頻繁ではないにせよ演奏されている彼らの楽曲は、この国で演奏されることは皆無に等しい。恐るべき文化後進国である。僕がミニマル作曲家のジョン・アダムズ[※48]のオーケストラ作品を何回か取り上げたことですら異例なのである。

これらのような「現代音楽」ではなく「現代の音楽」をできるだけ多く聴衆に届ける必要がある。文化は慰みものではない。文化は聴き手に媚《こ》びるのではなく、聴き手一人一人にもある程度の努力と忍耐を要求する。しかし知識として音楽を聴くのではないイノセントな彼らは、おもしろいものであれば、あるいは新しい体験をしておもしろいと思えば、それを素直に受け入れてくれると僕は信じている。

そしてその体験が音楽的日乗を育てることになる。

《広島の犠牲者に捧げる哀歌》を指揮する

このところペンデレツキの《広島の犠牲者に捧げる哀歌》のスコアを勉強している、というより格闘していると言ったほうが正しい。

1960年に書かれたこの曲は、まあ図形楽譜と言っていいと思うけれど、特殊奏法満載の弦楽器のみで演奏される。音楽を伝える、ということでの楽譜として興味深いので、今回はこの曲を取り上げる。

冒頭から黒塗りの三角形印が各パートに現れ、それに線が右にずっと続いている。これは一番高い音をずっと弾き延ばすということだ。次に現代アートを思わせる図形が現れ（これが特殊奏法）、打楽器のような音やおもちゃ箱をひっくり返したような変わった音がしたかと思うと、今度は黒く塗りつぶされた太めの線が現れ、突然たんこぶのように大きく盛り上がり、また線に戻っていく。弦の各パートがそれを繰り返すのだが、これはいわゆるトーン・クラスターといって、ある音域を半音の半分のピッチまですべて埋め尽くす不協和音の何とも強烈な音のする書き方なのだ。以後もずっと左向き三角形などが続いていて、視覚的に実におもしろいと思うが演奏するのは大変だ。ただ意外に音の指定ということではしっかり書いてあり、音価（音の長さ）に対しては不確定だが、後半にはそれも書いてあるところが出てくる。本人はそれを電子音楽の制作で学んだと言っている。僕は大学時代にその譜面の一部を観たことがあり、前衛的な書き方に大きく共感したが、いざ自分で演奏することになった今、少ないリハーサルで団員にいかに効率よく伝えるか、それと作曲家が振るということで、より高い解釈を求められるのではないか？　などとどうでもいいことを考えてしまう。経験を積むということは良いことばかりではない。

この曲は、２０１４年、３年ぶりに新日本フィルハーモニー交響楽団と行う「ワールド・ドリーム・オーケストラ[※49]（ＷＤＯ）」で演奏することになっている。おかげさまでというべきか、チケットは発売５分で２回分４０００枚が完売したそうだ。ありがたいと思っている。だが同時に発売した９月の「ミュージック・フューチャーＶｏｌ．１」は現代の音楽を取り上げるせいか５００の席が売り切れない。まことに観客は正直である。日本初演の曲も多く、まさに現代を知るには本当におもしろいと思うのだけれど……今日の音楽、未来に繋がる音楽を伝える道は厳しい。

話を戻して、この年のＷＤＯはノルマンディー上陸70周年、翌年は戦後70周年と、ともすれば忘れがちな戦争の傷跡をこの平和ボケした国で、そうしてまたまたきな臭くなってきたこの国で、もう一度しっかり考えたいということで、鎮魂というテーマのコーナーを設けた。このコーナーでは他にバッハの《Ｇ線上のアリア》、僕の《私は貝になりたい》という曲を選んだ。その音楽的意図は、強力な不協和音のペンデレツキから天国のようなバッハの曲に繋がるとき、どんな化学変化が起きるか？　つまり曲の順番によってそれぞれの曲の意味が変わってくるのでそれがどうなるか？　恣意《しい》的な目論見《もくろみ》はまったくないので実際のコンサートで体感することを楽しみにしている。他の曲はまあ自分の映画音楽が中心なので、交響曲を振るほど勉強しないでいいかと高《たか》をくくっていたのだが、この曲があるせいで何だか大変になってしまった。

ペンデレツキは1933年ポーランドのクラクフ生まれのユダヤ人である。指揮者でもあるが、左利きのため（だから左手で拍をとる）最初観たときは面食らったが、意外なほど的確で経験値も豊富だと思われ安定している。初期にはこの曲のようにトーン・クラスターの前衛的な作品を書いていたが、後に新古典主義的なわかりやすい（といってもそれなりです）作風に変わった。ショスタコーヴィチの今日的なアプローチと言ってもいい。またスタンリー・キューブリック監督[※50]のホラー作品『シャイニング』などに曲が使われている。先日ペンデレツキの最新のＤＶＤを観たが、彼の自宅の広大な庭園の中に『シャイニング』のラストに出てくる迷路と同じようなものが作ってあった。よほど気に入ったか儲かったのか（笑）。

またこの曲のタイトルだが、当初《哀歌　8分26秒》というまことに即物的なタイトルだったのだが、ポーランドのオーケストラと来日して演奏する際に、友人の作曲家松下眞一《しんいち》[※51]氏の薦めによって《広島の犠牲者に捧げる哀歌》となった。だから厳密に言うと「ヒロシマ」をテーマにして作られた作品ではない。が、戦争の犠牲者としての「ヒロシマ」「ナガサキ」そして「アウシュヴィッツ」、そう、彼はユダヤ人であり、生まれ故郷のクラクフにもホロコーストはあった。その背景があったからこそ彼はこのタイトルでいいと思ったのではないか。無意識の選択だったのかもしれない。

音楽が音楽になる瞬間のこと

新聞の夕刊を読んでいたら、「世界における我が国オーケストラのポジション」というシンポジウムの記事が目に留まった。仏、独、英、米４ヶ国の新聞に音楽評を書く評論家４人が東京に滞在し、在京オーケストラの演奏を聴いてのシンポジウムがあったのだという。そこで４人から出た意見として、優れた演奏技術などに称賛を送るいっぽう、「楽団員の自発性が乏しい」などがあったという。この問題は、日本人の性格としていつも出てくることでもあるし、僕も考えさせられることでもある。

僕がオーケストラを指揮するとき、楽譜をどこまで読み解くことができるか、作曲家が作りたかった音をどこまで読み取れるかが最大のポイントになる。とはいえ、ピッチ（音程）やリズムの乱れはどうしても気になるので、こまかく調整することになる。乱れない、間違えない、というのはアンサンブルの前提なのだ。ところが、ピッチが合っていて、リズムが正確で、強弱がしっかりしていれば感動する演奏になるかというと、それだけではならない。では、音楽が音楽になる瞬間ってどこなんだ。これがすごく難しい。

作曲でも同じことが言える。論理的な視点と感覚的な視点があれば音楽は作れるはずなのだが、実はそれだけでは音楽は成立しない。そこに作曲家の強い意志がなければならないのだ。これを作りたい、作らねばならないという強い思い、つまりインテンシティ（意志、決意、専心）が必要だ。演奏でもそこが問題になるのだろう。そして演奏に関して言えば、音楽が音楽になるための最後の砦、最後のチャンスがある。それが本番。観客を前にしたとき、ある種の沸騰点に達する。するとそれまで見えなかったスイッチが入り、音楽になる。

僕がオーケストラを指揮するとき、最も大切にしているのはこのことだ。

そして、日本やアジア、ヨーロッパのさまざまなオーケストラを指揮してみて改めて思うのは、現在の日本のオーケストラのレヴェルの高さだ。団員それぞれの技術も優れているので、良い指揮者がいて、集中した演奏ができればどこのオーケストラも素晴らしい演奏をする。それをコンスタントにできれば一流のオーケストラだ。

外国のオーケストラは、みな自分のやりたいことを最大限やる。だからリハーサルでは、指揮者とオーケストラが互いに折り合いをつけながら進めていく。当然、演奏はしばしば中断することになる。いっぽう日本のオーケストラは、リハーサルのはじめからあまり止まることがない。合わせることに注力するからだ。ピッチとリズムを合わせようとする。個人個人の存在を主張するというよりは「合わせ」に入る。だからなのか、最終的にどうしてもスケール感が出なくなることがある。そういう点では、最初はハチャメチャでもなんとか折り合いをつけて一つの曲を作っていくほうが、最後はスケールが大きなものになるのではないだろうか。

例えば中国のオーケストラを指揮していたときのこと。とにかく団員一人一人が自己主張して、まとめるのが一苦労だった。ところが、朗々とした音を出させたら、こんな音は日本のオーケストラでは出ないのではないかというような、素晴らしくスケールの大きな音を出した。

これはこれで国民性なのかなと思うのである。

そうした国民性の違いの上に、さらにそれぞれのオーケストラによってカラーのようなものがある。品のある音を出すオーケストラだとか、野武士のような音のオーケストラだとか、あるいは弦の鳴り方がきれいだとか……。奏者が違うのだから、各奏者の個性も当然出てくる。それが集まることでオーケストラの個性にもなっていく。

最後に一つ。同じ曲を同じ指揮者、オーケストラで、レコーディング用に収録したCDとライヴ演奏を聴き比べてみるとテンポが違うことがあるが、それはなぜか。

音だけのレコーディングでは、完璧なものをめざそうとして、とても慎重になり、テンポも正確に計算されたもので進む。いっぽうライヴでは、そのときのオーケストラの調子、指揮者の体調、観客の反応、その場にしかない特別な雰囲気のなかで音楽が生まれる。いわば一《いち》期《ご》一《いち》会《え》。だから同じ曲でも何度でも聴きに行きたくなるのだ。そのとき、CDをコピーするような演奏がいいはずはない。場合によっては、テンポを速めて、あえて激しくすることもある。そのときのライヴ感がコンサートの醍醐味である。そこには、たしかに音楽が音楽になる瞬間の秘密が隠されている。

クラシックは演奏するたび新しい発見がある

台湾でショスタコーヴィチ作曲の交響曲第5番を指揮した。2015年2月の終わりで中華圏では旧正月明けの華やいだ時期だった。台北と台南の2回公演だったが、おかげさまでチケットは両日とも即日完売。台南はホールの外でもスクリーンを設置し、約1万人以上の人が詰めかけた、ロックコンサートでもないのに。実は2014年の5月もそこでコンサートを行ったのだが、同じく数万の人が押し寄せた。もちろん台湾でも異例なことだ。ただそのときはベートーヴェンの第9交響曲だったのでまだわかるが（それもよく考えると何か変だが）、ショスタコーヴィチと僕の曲でこれほど人が詰めかけるとは、僕自身が驚いている。ちなみに台湾は世界の名だたるオーケストラのツアーサーキットに入っていて観客の耳は肥えている。その観客はとても素直で熱心に聴いていてくれて、オーケストラ（国家交響楽団）と僕はかなりハイテンションの演奏ができた。

もう一つ、忘れられない出来事！　それはコンサートが終わってから駅までパトカーに先導されて移動したこと。前年、人が大勢出すぎて交通渋滞を起こし、共演したウィーンの合唱団の人たちが危うく列車に乗り遅れるところだった。その反省からか今回はパトカーが待機。コンサート終了を待って、駅まで誘導していただいたのである。

実はこのパトカー先導は、今回が初めてではない。ブラジルのアマゾナス映画祭で経験したことがある。開催地のマナウスはアマゾンに近い産業都市でゴムの生産で潤っている。そこに目を付けた、文化を商売にするのがうまいフランス人映画関係者たちが立ち上げた映画祭だった。映画『エビータ』の監督アラン・パーカー[※52]を委員長にした審査員の一人として参加したのだが、公式上映のときはすべてパトカー先導で街中の信号はその進行に合わせて止められていた。公式上映が終われば、船上パーティーが朝まで続くという、フィッツジェラルドのような、あるいはウディ・アレン[※53]の『ミッドナイト・イン・パリ』を彷彿《ほうふつ》させるような日々だった。どれだけ無駄遣い！　と呆《あき》れていたのだが、審査はすごく真っ当、出品作からグランプリを選ぶときは議論噴出で何時間もかかった。

　そのときの出品作である日本映画は全然駄目で（出ていたかどうかさえ覚えていない）、中国映画は商業的すぎ、アフリカの内乱を描いた作品はあまりに暴力的で観ていて気持ちが悪くなったほどだった。最後まで残ったのが、ブラジルの作品とイランの内乱から逃れてヨーロッパに渡る普通の市民の話だった。審査委員長のアラン・パーカーが仲裁に入るほど、ある有名な女優とある監督がヒートアップ、結局多数決（約10名の審査員）でイラン映画に決まった。まあ仕事はきちんとしたのだが、印象に残っているのは船上パーティーとパトカー先導だった。

だいぶ脱線したが、台湾では音楽家としてパトカー先導されたのだから、これはちょっとうれしい。だから駅に着いてから運転していた警察官たちと記念写真を撮った。もちろん頼まれたからではあるが。

　ショスタコーヴィチの交響曲第5番は、以前、読売日本交響楽団と演奏したのだが（これは当時の「読響シンフォニックライブ深夜の音楽会」という番組でオンエアされた）、そのときより僕自身だいぶ進化し、全体のテンポ設計や、細部の表現、何よりもより明確に何が行いたいのかオーケストラに伝えられたのではないか、と思っている。

そして一番わかったことは「革命」というタイトルを持つこの楽曲が（これは日本だけでしか呼ばれていない）、実はとてつもなく暗く、表の表現とはかけ離れているところにショスタコーヴィチ本人はいたということだ。つまり苦悩から歓喜へ、闘争から勝利へ、というベートーヴェンの第5番、第9番やマーラーの第5番交響曲と同じ図式に従って全体は構成されているが、決して歓喜でも勝利でもないのである。表面上をそうすることで党から睨まれている状況から脱出したが、本人の心はいたってクール、醒めて見ていたのがよくわかった。だからといってこの楽曲を適当に書いたのではなくて、むしろ裏に託した批判の精神、孤独などが痛いほど僕には感じられた。だから第4楽章ラストのテンポはいろいろ議論の的なのだが、これは遅ければ遅いほどよいというのが僕の結論。凱旋《がいせん》パレードのように華やかに盛り上げるのは以《もっ》ての外《ほか》。まるであたりを埋め尽くしている戦車軍団がゆっくり進軍していくようなA音（ラ）の連打がここの決め手になる。もちろんこれは僕の考えで、人に押し付けるものではない。やはりクラシックは演奏するたびに新しい発見がある。

そういえば僕の指揮の師でもある秋山和慶《かずよし》※54先生はベートーヴェンの第9番をなんと400回以上指揮されたと伺った。恐るべし、と言いたいのだが、もっと凄いことを先生はおっしゃった。「これだけ演奏してもまだ毎回新しい発見があるんだよね、それで頑張ろうと……」

やはり、クラシック音楽は奥が深い。

「神が降りてきた」

神が降りてきた。

そう思える演奏を僕はまだしたことがなかったのだが、台湾での2日目の《第9》のコンサートで体験した。

場所は台南、穏やかな気候と文化的な香りのする地方都市で、そこで行われている音楽祭に出演したときのことだった。演奏はエヴァーグリーン交響楽団（ESO）と台湾のプロ合唱団+ウィーン国立歌劇場合唱団、それにソリスト（ソプラノ、アルト は台湾の歌手、バリトン、テノールがウィーン）という布陣だった。指揮台の上で、とても長い間（僕にはそう思えた）瞑目《めいもく》し目を開けたとき、そこには特別な時間が流れていて、僕はただそのグルーヴに乗って静かに、小さく振り出せばよかった。

冒頭の第2ヴァイオリンとチェロの6連符がぴたりと決まってホルンの音量も小さくて申し分ない。そこに第1ヴァイオリンの下降音形のテーマが始まり、それを受け継ぐヴィオラとコントラバスも一つの線となって繋がっていく。やがて徐々に盛り上がってテンポもたっぷり遅くなって最初の*ff*（フォルティッシモ）のテーマを強奏する。弓もたくさん使った押しのあるフレーズはすこぶるドイツ的で、ウィーンから来た合唱団の面々が身を乗り出した。普通合唱団はこれから3楽章の間ただただ舞台の上で待つのだから、顔にこそ出さないのだが、たいがい気配を消してただそこにいるケースが多い。だが、そのときはちゃんと聴いているという実感が僕にも伝わった。

リハーサルの初日を思い出す。ＥＳＯは若いフレッシュなオーケストラで僕の音楽が大好きらしく、本当に一生懸命演奏してくれたのだが、《第９》の演奏経験は少なかった。考えてみれば毎年暮れに何回も演奏しているのは日本だけで、海外では滅多に演奏されない演目なのだから仕方ない。逆に言うと、日本人の僕にとっては5月の《第９》は新鮮に映った。新鮮ではあるが少し困った。いつもは相手が多くの経験をしていて、僕はといえば経験は少ないが作曲家としての独自の解釈をしつつ、普通の指揮者（変な意味ではありません）はやらない試みをする、というのが基本なのだが、相手も経験がないということはその法則が崩れる。

案の定、第1楽章の冒頭の後の*ff*がタター！　タタ！　タタター！　と軽い。「これはドイツ音楽だからもっと重く、粘ってダダー！　ダダ！　ダダダー！」などと真剣に指導する。作曲家兼指揮者などと剣呑《けんのん》なことを言っている場合ではない。３日間夢中でリハーサルをし、台北のコンサートを経て、今彼らは自分たちの音楽としてベートーヴェンに向き合っている。指揮をしている僕の体中の細胞が喜んだ。

ふと「今日はメロディーを振る」と考えた。いつもは作曲家が一生懸命書いたメロディー以外の裏方のパートのリズムを整え、縁の下から音楽を立体的に支えていくことに全力を挙げるのだが、この日は彼らを信頼して、テーマあるいはメロディーラインのニュアンスに指揮を集中した。コンサートマスターは最初驚いたようだが、すぐ反応して昨日とは違うアプローチを受け入れ、全身でオケに伝えた。第3楽章のヴァイオリンの限りなく美しいパッセージを何故ベートーヴェンが書かなければならなかったか、あるいは書かざるを得なかったかを、体で実感した。

その日会場の1800人の観客のほか、場外に大きなスクリーンを設置して入場できなかった人が観られるようにしたのだが、何と2万人が詰めかけてあたりは交通渋滞、警察の出動という事態になった。クラシックがメインのコンサートでは異例のことで、翌日、新聞テレビなどで大きく報道された。そしてここが大事なのだが、ほとんど聴いたことがない《第9》を屋外で観ていた観客はしんと静まり返り、真剣に聴いていた。それを俯瞰《ふかん》すれば、音楽を創《つく》ったのは指揮者やオーケストラだけではなく、その場に居合わせた多くの観客を含めた特別な空間だ。民俗学的な言い方をすると「祝祭的空間」ということになる。その磁場のような場所だから、想像以上の力を発揮でき、より強い音楽を伝えることもできた。そのことを人は「神が降りてきた」という。

多くの現代の作曲家は《第9》がベートーヴェンの他のシンフォニーに比べ、第4楽章の「合唱付き」に違和感があり、全体のフォームを崩しているという。実際僕もそう思ってきたのだが、あの第4楽章を演奏しているとき、次々に訪れるシークエンスの勢いたるや凄まじく、言葉に言い尽くせないカタルシスがあった。理屈ではないのである。全体のフォームがどうのこうのと言っていること自体が意味をなさない。だとすれば、僕ら作曲家や音楽学者が言っている、音楽の善し悪しの基準は何なのか？　音楽を伝えるとは何なのか？　深く考えさせられたが、音楽漬けの1週間は本当に幸せだった。

ドゥダメルの演奏会を聴いて

先の週末、2日間にわたってグスターボ・ドゥダメル[※55]&ロサンゼルス・フィルハーモニックのコンサートに行った。素晴らしいコンサートだったうえ、いろいろ考えさせられることがあったのでそれについて書きたい。

演目は初日がマーラーの交響曲第6番《悲劇的》のみ（80分かかるから当たり前だが）。2日目はジョン・アダムズの《シティ・ノアール》とドヴォルザーク[※56]の交響曲第9番《新世界より》だった。僕としてはむろんジョン・アダムズがお目当てなのだが、シェーンベルクなどの楽曲を演奏するコンサートの直後に、富山で《新世界より》を指揮するのでこれも勉強を兼ねて楽しみにしていた。

ドゥダメルはベネズエラ出身、エル・システマ[※57]のシモン・ボリバル・ユース・オーケストラなどを経てロサンゼルス・フィルの音楽監督に弱冠28歳で就任、その後の活躍はご存知のとおり、今最も人気のある指揮者だ。

まずマーラーの交響曲第6番《悲劇的》だが、冒頭のチェロとコントラバスが刻むリズムからして切れが良く、音量もびっくりするほど大きい。そしてどんどん盛り上がるのだが、もともと5管編成で、ホルンは8本という巨大な編成なので音が大きいのは当然なのだ。だが、大きくても正確なリズムのために音が低音まで濁っていない。またこの編成では弦楽器は埋もれがちになるが、金管の咆哮の中でもクリアに響いていた。おそらくその要はリズムにあるのだが、ラテン人特有の鋭いリズム感を持つドゥダメルと5年間音楽を演奏している間に、オーケストラ自体リズムへのアプローチもソリッドになったのだろう。まあフィラデルフィア管弦楽団なども明快だったのでアメリカのオーケストラの特徴かもしれない。ヨーロッパの伝統的なオーケストラはもっと音に込める何か、ニュアンスというか精神というか、日本人が八木節を歌う時の小節回しのようなものに近い何かを大切にするから、リズムはそれほど明快ではない。アメリカのオーケストラはそういうものを無視しているわけではないが、それよりも明快さを優先するように思える。ドゥダメル＆ロサンゼルス・フィルはもちろん楽譜に書かれているさまざまなニュアンスは丁寧に表現しているし、音楽の目指す方向もぶれていない。僕としては書かれた音がこれほどクリアに表現されるのならこのほうがいい。なんとなれば伝統を持たない日本人が目指すのはこの方向しかないからだ。ちなみに外国人の歌う八木節を想像してみてほしい。うまく歌っても「?」がつく。ヨーロッパ人が聴く日本のオーケストラもそれに近いのかもしれないと思う。

だが！　そう考えるのは僕のような年配世代であって、もっと若い人たちはそんなことを気にしていないかもしれない。実際、世界の政治や文化の流れは大きく変化しているし、ドゥダメルやトルコ出身のファジル・サイ※58、中国出身のラン・ラン※59のように伝統的ではない世界から出てきた新しい世代の逸材が、クラシック音楽を活性化させているのも事実だ。やはり世界は動いている。

話を戻して、マーラーは第4楽章まで集中力が切れず、終わり直前のフォルティッシモもぴったり合い、余韻のある見事なエンディングだった。驚いたのは皆まだ余力があり、もう一度最初から演奏しそうな勢いだったことだ。やはり体力差か？　また対向配置（第2ヴァイオリンが向かって右側にいてコントラバスが左の奥にいる配置。古典派、ロマン派の楽曲はほとんどこの配置を想定して作曲家は書いた）で、左側のコントラバスと右側のチューバが同じ音量で拮抗する演奏を初めて聴いた。やはり対向配置はいい。

翌日はジョン・アダムズの《シティ・ノアール》からだったが、これはドゥダメルの就任お披露目コンサートのために書かれた楽曲で彼らの得意な演目だ。ジョン・アダムズはミニマル・ミュージックの作曲家としてスタートして、今はポスト・ミニマルというより、後期ロマン派的な手法まで導入し、表現主義的な方法をとっている。つまりメロディーがあり、和音があり、アメリカ音楽特有のリズム（例えばジャズ）があるので、ある意味わかりやすい。そのため現代音楽好きの人たちは、後ろ向きと批判することもある。彼はオーケストラを知り抜いているためそのスコアは精緻を極め、オケからも人気があり、演奏される機会は世界的に多い。音楽出版社のBoosey & Hawkesの会報を見ると、今年の2月から5月までに演奏されるジョン・アダムズの楽曲はきわめて多い。新作のオラトリオ[※60]を発表したこともあり、近年に書かれた楽曲が目白押しだ。《シティ・ノアール》の演奏回数も多いのだが、その中でも注目すべきはウィーン・フィルが3月にこの楽曲を演奏していることだ。初演から5年ほど経ち、各地で演奏され、今では世界のスタンダードとして認識されたということだ。日本のオーケストラでは……まだまったく演奏の予定はない、たぶん。

イタリアで自作のコンサート

イタリアから帰ってきた。ヴェネツィアから北に車で1時間半くらいのところにウディネという人口約10万人の町がある。そこでファーイースト・フィルムフェスティヴァルという映画祭が行われている。イタリアでアジアの映画にスポットを当てた催しとして17回目だから歴史はある。そのオープニングのコンサートと、なんとか功労賞というものをいただけるということで出かけていった。

まずは内容だが、コンサートは約1時間半、映画祭なので僕の作曲した映画音楽（もちろんミニマル曲も演奏した）を中心に構成した。およそ1200席のチケットは発売3時間で完売、ヨーロッパ中から観客が訪れたということはやはりネットのおかげだろう。

演奏はRTVスロベニア交響楽団が担当した。ウディネの地元のオーケストラは編成が小さいらしく、隣国から呼んできたわけだ。そのためリハーサルの2日間はスロベニアの首都、リュブリャナで行われ、当日のゲネプロ（最後の全体リハーサル）、本番がウディネということになる。短期間での移動が多いのは負担になると思われたが、何故かスロベニアに惹《ひ》かれ、都合5泊7日間の日程で旅に出た。

本当はヴェネツィアが近いので久しぶりに立ち寄りたかったが、翌週から小難しい現代曲などのコンサートが控えているため、できるだけコンパクトな日程にした。なんだか指揮者みたいなスケジュールだ（笑）。

さて、まずは羽田よりドイツのフランクフルトへ、ルフトハンザ航空で出発。肉やソーセージが中心の食事かと懸念したがまあまあの日本食で安心、機内ではスコアの勉強をする。このところ自分の楽曲は後回しだったのでややお尻に火がついた状態、真剣にスコアを読んだ。フランクフルトでは約2時間待ち、左右2席ずつの小さなアドリア航空機（これが風を感じるフライトでなかなか良かった）でスロベニアの首都、リュブリャナに向かう。

スロベニアはもとユーゴスラビアで、北がオーストリア、西がイタリアで東がハンガリーに接している。つまりクラシックの本場に囲まれているわけで、ミュージシャンの往来を考えればオーケストラの実力はかなりなものと判断できる。

夜の10時半リュブリャナに到着した。小さな首都だが、中世のままの町並みは美しく、清潔で心が休まる。そんな温かい雰囲気の町を僕は気に入った。早速歓迎のレセプションがあったが、やはり肉やソーセージが主体のため、程なく退散、翌日に備える。

翌日からリハーサル開始。ＲＴＶスロベニア交響楽団はＮ響と同じ放送局付けのオーケストラで、もちろん僕から見ると外国人だらけ、たまたまコンサートマスターが日本人の女性だったので、これはコミュニケーション上とても助かった。

海外のオケの場合はいつもそうだが、打ち合わせどおりにはいかない。今回も対向配置のはずが普通の並びだったり、マリンバが2台なかったり、アルト・フルートが練習の始めに間に合わなかったりで大変なのだが、指揮者たるものがそんなことで動じてはならない。本来あるべき状況に戻しつつ、何事もなかったかのように（順調のように）進めていった。

　またいつもどおり初日は音も合わず、間違える人も多いのだが、日を追うごとにうまくなり、フレーズも大きく歌い音楽的に向上していく。日本のオケは初日からうまく、かなりのレヴェルなのだが、日を追うごとに目に見えるような向上はあまり感じられない。国民性なのか？

　そしてウディネに我々は移動してコンサートに臨んだ。北イタリアのこの小さな町はそれでもサッカー・セリエAのウディネーゼを持つくらいだから、まあ知られた町ではある。ホールも舞台上の汚さはあったが（オペラやバレエも行われている）、壁のポスターを見るとアバド、チョン・ミュンフン、[※61]シャルル・デュトワ、あのドゥダメルから辻井伸行[※62]さんまで来ているので、ちゃんとしたクラシックのホールなのだろう。ただ音はドライで舞台上はあまり響かない。この場合は音楽全体のテンポを速めに設定し、ソリッドに仕上げるほうがうまくいく。本番は夜の8時半から。昼夜の温度差が激しく、楽屋で寝ていたとき、寒気がして激しい頭痛に襲われた。そんななかで舞台に立ったが、膨大な汗をかくことで風邪を退散させ、無事に終了した。観客はおおよその楽曲は知っていて熱狂的に受け入れてくれた。特にアンコールの《ナウシカ》ではどよめきすら起こった。一緒に来た日本人の関係者は目を丸くし、異口同音に「久石さん有名なんだね〜」。

　このところクラシックがらみのコンサートしか行っていなかったが、久しぶりの自作のみ、は意外に新鮮で、早く新アルバムを作って日本でツアーを行ってもいいと思えたのは収穫だった。

指揮者のような生活

先日、一連の指揮活動が終了した。イタリアから始まり、すみだトリフォニーホールでのシェーンベルク《浄められた夜》、アルヴォ・ペルトの交響曲第3番を経て、リニューアルされた富山県民会館での柿落《こけら》としコンサート（日本での演奏はいずれも新日本フィルハーモニー交響楽団）まで、なんだか指揮者のような生活を送ってきた。

演奏するのはまあ嫌いではないのだが、前にも書いたようにまったく作曲ができなくなるのは痛い。それはそうだ、頭の中で《浄められた夜》のような凄まじく難しい楽曲が鳴りまくっていたら、自分の音符なんて浮かんでくるわけがない。作曲のために徐々に減らしていこうと思うのだが、夏からまたコンサートが始まる。ありがたいことではあるが……複雑な心境だ。

富山ではドヴォルザークの交響曲第9番《新世界より》を演奏した。最もポピュラーなクラシック曲だ。オーケストラのレパートリーとしても演奏頻度が高く、場合によってはゲネプロのみで、本番に臨むというケースさえあるらしい。だからといって易しいとは限らない。シンプルで力強い美しいメロディーの後ろで、各楽章とも変化に富んでいる上にしっかり構成されていて、思いのほか手強い。以前聴いたドゥダメル＆ロサンゼルス・フィルでも演奏されていたが、その明確な構成力と躍動感に溢れるリズムに圧倒された。スケジュールが込んでいてなんとなく選んだ《新世界より》がまったく別の楽曲に聴こえ、思わず客席で背筋が伸びた。それから合間を縫って今までの方法を改め猛特訓、いや猛勉強したのだが、スコアを読めば読むほど、スルメのように味が出てくる。ドヴォルザーク本人もそれほどの大作に挑んだ（もちろん45分以上かかる楽曲だから大変な労力を必要とするが）と思っていなかったようだが、だからこそ力が抜けて音たちはとても自由に動いている。このことは重要だ。他の芸術でもスポーツでも思い入れが強すぎたり、気合いが入りすぎると力は発揮できない。指揮でいうと力んだ腕をどんなに一生懸命に振ってもスピードは出ないし、他の筋力を巻き込んで軸がぶれたり、頭を前後に大きく振ったりで、自分が頑張っていると思うほど演奏者には伝わっていない。ゴルフでいうところのヘッドアップと同じだ。力みをとる——あらゆる分野で最も大切で、最もできないことかもしれない。

だが、それより重要なことがある。結局のところ、どういう音楽を作りたいか明確なヴィジョンを持つことに尽きる！　と僕は考える。

NHKのクラシック番組で、パーヴォ・ヤルヴィ[※63]指揮、NHK交響楽団の演奏でショスタコーヴィチの交響曲第5番の演奏を聴いた。この楽曲については前にも触れているので多くは書かないが、一応形態は苦悩から歓喜、闘争から勝利という図式になっているが、裏に隠されているのはまったく逆であるというようなことを書いたと思う。パーヴォ・ヤルヴィの演奏はその線上にあるのだがもっと凄まじく、この楽曲を支配しているのは恐怖であり、表向きとは裏腹の厳しいソビエト当局に対する非難であると語っていた。第2楽章がまさにそのとおりでこんなに甘さを排除したグロテスクな操り人形が踊っているような演奏は聴いたことがなかったし、第4楽章のテンポ設定（これが重要）がおこがましいが僕の考え方と同じで、特にエンディングでは、より遅いテンポで演奏していた。だから派手ではないが深い。

彼はエストニア出身、小さいころはソビエト連邦の支配下にあったこの国で育った。父親は有名な指揮者でショスタコーヴィチも訪ねてきたときに会ったくらいだから、この楽曲に対する思いは尋常ではない。明確なヴィジョンを持っている彼にNHK交響楽団もよく応《こた》え、炎が燃え上がるような演奏だった。

ついでにいうと作曲家アルヴォ・ペルトさんも同じエストニア出身だ。若いときは十二音技法やセリーで作曲していたがソビエト当局の干渉で禁止され、教会音楽などを研究していくなかで今の手法を考えだした。今では世界中で最も演奏される現代の作曲家なのだが、CDも多く出ていて、その中で一番おすすめなのがパーヴォ・ヤルヴィだ。同じ国の出身、深い共感が良い音楽を作る。

以上「振る」というテーマのもと、指揮活動を中心にした音楽的日乗を綴ってきた。

それにしても、クラシック音楽はいい。目の前でオーケストラが一斉に音を出すのを聴いていると（これは指揮者の特権）、人類は偉大なものを作り上げたと驚嘆する。そのクラシック音楽は、いやクラシックだけではなく他の分野の音楽を含めて、我々はどういう進化を遂げてこういう形態に至り、これからどういう音楽を作り上げていくのか考えてしまう。つまり画家のゴーギャン風にいうと「我々はどこから来て、どこへ行くのか！」ということだ。

〈註〉

1 アブネック：1781～1849。フランスの指揮者・ヴァイオリン奏者。パリ音楽院管弦楽団で20年間にわたって指揮者を務める。

2 ベルリオーズ：1803～69。フランスのロマン派の作曲家。代表作に《幻想交響曲》。

3 ワーグナー：1813～83。ドイツの作曲家。みずから台本を書き、オペラや楽劇を作曲。自作上演のためのバイロイト祝祭劇場を建設。

4 分散和音：和音の構成音を同時にではなく、数度に分散して奏する技法。

5 シュトックハウゼン：1928～2007。ドイツの現代音楽の作曲家。1950年代に電子音楽を作曲。

6 ジョン・ケージ：1912～92。アメリカの現代音楽の作曲家。沈黙さえも素材として音楽に持ち込み、音楽の定義を拡大した。

7 ベートーヴェン：1770～1827。ドイツに生まれ、ウィーンで活躍した作曲家。古典派様式を完成させ、ロマン派の先駆けとして大きな影響力を持った。

8 マーラー：1860～1911。オーストリアの指揮者・作曲家。ウィーンを活躍の場とし、没後、20世紀後半に作曲家として再評価される。

9 ロキシー・ミュージック：1971年デビューのイギリスのロック・グループ。ヴォーカル担当はブライアン・フェリー。

10 ブライアン・イーノ：1948～。イギリスの音楽家。ロキシー・ミュージック加入時にはシンセサイザーを演奏。環境音楽の先駆者でもある。

11 宮崎駿：1941～。映画監督・アニメーター。『ルパン三世　カリオストロの城』（1979年）が長編映画、初監督作品。『風の谷のナウシカ』（1984年）以降、『風立ちぬ』（2013年）まで多数の作品を監督。

12 スコア：オーケストラなどで演奏するパートをすべて上下に配列した楽譜。長い楽曲では辞書並みに厚くなる。

13 クラウディオ・アバド：1933～2014。イタリア出身の指揮者。ミラノ・スカラ座やベルリン・フィルの芸術監督を歴任。

14 ペンデレツキ：1933～。ポーランドの作曲家・指揮者。代表作に《広島の犠牲者に捧げる哀歌》《ルカ受難曲》などがある。

15 ガムラン音楽：インドネシアの民族音楽。銅鑼、旋律打楽器などの合奏からなる。

16 メンデルスゾーン：1809～47。ドイツ・ロマン派の作曲家。忘れられていたバッハ《マタイ受難曲》を再演し、再評価に尽力。

17 ピエール・ブーレーズ：1925～2016。フランスの作曲家・指揮者。現代音楽界を牽引する教育者でもあった。

18 (ヨハン・セバスティアン・)バッハ：1685～1750。ドイツの作曲家・オルガン奏者。バロック音楽を集大成し、多くの宗教曲・器楽曲を遺した。

19 リヒャルト・シュトラウス：1864～1949。ドイツ・後期ロマン派の作曲家。代表作に交響詩《ツァラトゥストラはかく語りき》。

20 ハンス・フォン・ビューロー：1830～94。ドイツの指揮者。リストにピアノを学び、のちにプロの指揮者の先駆けとなる。

21 ハンス・リヒター：1843～1916。ハンガリー生まれの指揮者。ワーグナーの助手となり、《ニーベルングの指環》を初演。

22 ヘルマン・レヴィ：１８３９～１９００。ドイツの指揮者。熱烈なワーグナー崇拝者で、《パルジファル》を初演。

23 モーツァルト：１７５６～91。オーストリアの作曲家。幼くして天才音楽家としてヨーロッパを席巻。ウィーン古典派の大作曲家だが、35歳で早世。

24 グルック：１７１４～87。オーストリアのオペラ作曲家。独学で作曲技法を習得したとされる。

25 シューマン：１８１０～56。ドイツ・ロマン派の作曲家。妻のクララは優れたピアニストとして知られる。

26 ジョージ・セル：１８９７～１９７０。ハンガリー生まれの指揮者。アメリカに定住し、のちに帰化。

27 パッセージ：独立した楽想とはならずに、楽曲を経過的に繋ぐ急速な音の一群。経過句とも。

28 ブラームス：１８３３～97。ドイツの作曲家。古典派の形式を重んじつつ、ロマン主義的作品を発表。

29 カラヤン：１９０８～89。オーストリアの指揮者。ベルリン・フィルの終身指揮者・芸術監督を務め、帝王とも称された。

30 バーンスタイン：１９１８～90。アメリカの指揮者・作曲家。ニューヨーク・フィルの常任指揮者を務めた。代表作にミュージカル《ウエスト・サイド・ストーリー》。

31 シェーンベルク：１８７４～１９５１。オーストリアの作曲家。十二音技法の創案者。

32 ストコフスキー：１８８２～１９７７。イギリス生まれ、アメリカで活躍した指揮者。映画《ファンタジア》の音楽を手掛けた。

33 養老孟司：１９３７～。解剖学者。『からだの見方』『唯脳論』ほか著書多数。

34 ストラヴィンスキー：１８８２～１９７１。ロシア生まれで20世紀最大の作曲家の一人。パリやニューヨークで活躍。代表作にバレエ音楽《春の祭典》。

35 トリル：主要音とその2度上か下の補助音を、数度にわたり素早く反復させる装飾音。

36 バルトーク：１８８１～１９４５。ハンガリーの作曲家・ピアニスト。第二次世界大戦の開戦でアメリカに亡命。代表作に《管弦楽のための協奏曲》など。

37 ラヴェル：１８７５～１９３７。フランスの作曲家。代表作に《ボレロ》《ダフニスとクロエ》がある。

38 準・メルクル：１９５９～。ドイツの指揮者。父はドイツ人、母は日本人。オペラを中心に世界的に活躍。

39 シャルル・デュトワ：１９３６～。スイス生まれの指揮者。25年間にわたり、モントリオール交響楽団の音楽監督を務めた。

40 デュティユー：１９１６～２０１３。フランスの作曲家。アカデミックな要素を基盤に独自の感性による緻密な作品を発表。

41 岡田暁生：１９６０～。音楽学者。京都大学人文科学研究所教授。著書に『オペラの運命』など。

42 トーン・クラスター奏法：半音より細かく分けた音群を同時にならす奏法。

43 ショスタコーヴィチ：１９０６～75。ソビエトの作曲家で、20世紀最大の作曲家の一人。交響曲作曲家として高く評価され、生涯に15の交響曲を書いた。

44 アルヴォ・ペルト：１９３５～。エストニアの作曲家。教会音楽へ接近し、ティンティナブリ（鈴ならし）様式による静謡で瞑想的な作品を生んだ。

45 ヘンリク・グレツキ：１９３３〜２０１０。ポーランドの作曲家。代表作に交響曲第3番《悲歌のシンフォニア》。

46 セリー：音列のこと。特に十二音技法の音列を、音高だけでなく、音の持続、強弱、音色などのさまざまな要素に適用させる技法のことをいう。

47 ルトスワフスキ：１９１３〜94。ポーランドの作曲家。前衛的な作曲技法から伝統的な作曲技法へと変化を続けた。

48 ジョン・アダムズ：１９４７〜。アメリカの作曲家。ミニマル・ミュージックの提唱者の一人。

49 ワールド・ドリーム・オーケストラ（ＷＤＯ）：久石譲が音楽監督を務める新日本フィルと一緒に立ち上げたオーケストラ。

50 スタンリー・キューブリック：１９２８〜99。アメリカの映画監督。現場では完璧主義者として知られた。『２００１年宇宙の旅』『時計じかけのオレンジ』など。

51 松下眞一：１９２２〜90。作曲家・数学者・物理学者。作品に、交響幻想曲《淀川》など。数学的・哲学的思考が譜面に盛り込まれている。

52 アラン・パーカー：１９４４〜。イギリスの映画監督。代表作に『ミッドナイト・エクスプレス』『エンゼル・ハート』など。

53 ウディ・アレン：１９３５〜。アメリカの映画監督。『それでも恋するバルセロナ』ほか、近作ではヨーロッパの都市を舞台にすることが増えてきた。劇中、重ねられる会話が持ち味。

54 秋山和慶：１９４１〜。指揮者。64年、東京交響楽団の指揮者としてデビュー。指揮者生活50年を迎え、２０１５年に回想録を出版している。

55 グスターボ・ドゥダメル：１９８１〜。ベネズエラ生まれの指揮者。２００９年、28歳にしてロサンゼルス・フィルの音楽監督に就任。

56 ドヴォルザーク：１８４１〜１９０４。チェコの作曲家。後期ロマン派及びチェコの国民楽派を代表する作曲家で、交響曲第9番《新世界より》などで知られる。

57 エル・システマ：１９７５年からベネズエラで行われている青少年のための独自の音楽教育運動。

58 ファジル・サイ：１９７０〜。トルコ出身のピアニスト。94年の若手のコンクールで優勝し、注目される。

59 ラン・ラン：１９８２〜。中国出身のピアニスト。10代から頭角を現し、世界の名だたる指揮者、オーケストラと競演している。

60 オラトリオ：独唱、合唱、管弦楽で構成される劇的音楽の形式で、主に宗教曲。

61 チョン・ミュンフン：１９５３〜。韓国の指揮者・ピアニスト。パリ・オペラ座の初代音楽監督に就任し話題となった。

62 辻井伸行：１９８８〜。ピアニスト・作曲家。２００９年、ヴァン・クライバーン国際ピアノコンクールで日本人として初の優勝をはたす。

63 パーヴォ・ヤルヴィ：１９６２〜。エストニア生まれの指揮者。現在はアメリカ国籍。２０１５年、ＮＨＫ交響楽団の初代首席指揮者に就く。

Ⅱ 伝える

音楽を伝える方法には何があるのか？

作曲家は頭で考えたその楽曲をなんらかの方法で人に伝えなくてはならない。なにせ目に見えない音を扱っているわけで、言葉でどんなに説明しても相手は「すごい名作っぽいけど、どんな音なの？」ということになる。全体の構成などを書いた設計図のようなものを作ってもそんなものは作曲とは言えない。やはり音が実際に頭に浮かぶような伝達方法をとる必要がある。それが楽譜なのだが、音楽を伝えるということに関していえば楽譜がすべてではない。

伝統芸能では縦書きの備忘用楽譜はあるが、主に口述、もしくはお稽古を通してフレーズ（一節《ひとふし》）ごとに覚えさせるのが一般的で、半年間同じ曲をおさらいし、お師匠さんからずっと駄目出しをもらいつづけ、ある日突然「はい、できました。じゃあ次の曲」ということになるらしい。本人はどこが良くてどこが駄目だったのかさっぱりわからない。そこに独特の美学があるらしいのだが僕にはわからない。素直な日本人にはこのような師弟、上下関係の伝達方式は有効だと思われる。これが中国だったらまったく師匠の言うことなど聞かず、自分はこうだ、こんなのいやだと言って即座に伝統は断たれる。少しオーバーだが。実際に中国の伝統芸能は正統な後継者が育ちにくいらしく、多くの楽器も改良（改悪）され、なかんずく毛沢東政権のとき、過去の伝統を否定する政策をとったため、後世に遺すべき寺院や仏閣などを含め多くの文化遺産が破壊された。インド起源で中国を経て伝来した五弦琵琶《びわ》などはもう中国にはなく、奈良の正倉院でしかその姿、形は拝めない。シルクロードの行き着く先は日本なのだ。まあ、日本の雅楽のように約400年前とまったく同じことを今でも行っているこの国もどうかと思うけれど（雅楽を否定しているわけではありません、念のため）。

ちょっと脱線したが、譜面以外の伝達ということでいえば、今の時代、テープ、というかデジタル録音機材を使うという手段がある。ポップスを含めたエンターテインメントの世界では、多くの新作はこのアイテムを作ることによって成立している。つまり音楽産業の主軸はこのCDなどのアイテムがあってのことなのだが、最近はそれも危うくなり、かろうじてコンサートのみがまだ有効な状態になっている。

このデジタル録音機材は作曲の世界でもデモテープとして最も有効な伝達の手段だ。かつてロンドンにアパートを借りていたころ、レコーディングで僕は意図的に譜面を使わなかった。というより僕が共演したいミュージシャンの多くが譜面を必要としなかった。ローリング・ストーンズのミック・ジャガー[※1]が世界ツアーを行ったときのギタリスト（半年のミックのツアーの後、彼は郊外に大邸宅を建てたと聞いた。そんなに儲かるのか……恐るべし）は譜面がまったく読めなかったし、あのキング・クリムゾン[※2]のドラマーや元メンバーも読めなかった。だが彼らはデモテープを丸覚えし、レコーディングに臨んできた。耳だけを頼りとした彼らの演奏は本当に素晴らしかった。この耳で覚えることの良さは、脳の言語野を通らず直接感覚と音が一致するところであるのだけれど、他方マイナス面はコミュニケーションも感覚的にならざるを得ず、レコーディングに時間がたくさんかかり、制作コストが上がることだ。

ただしこれはポップスという比較的シンプルな領域だからこそできることであって、クラシックまたは現代の音楽といった複雑で長尺な楽曲の場合、論理的な視点も必要になって、耳だけを頼りにすることは不可能だ。

他にもさまざまな音楽の伝達方法があるのだが、それは別頁で。

音楽の原点について考える

このところ忙しい日々が続いている。新作映画とコンサートが重なっているからだ。作曲と演奏が重なった場合は、１日のスケジュールをしっかり組まないと大変だ。今、夜中の１時、スタジオから帰ってきた。台湾に行く４日前、勉強できていないプレッシャーが押し寄せる。そこに……！

今日は朝10時に起床、ピアノを弾いてから台湾での《第9》コンサート（僕の楽曲もあり）のためのお勉強。

午後４時からM病院のF先生に動かなくなった左手と肩の診察を受ける。診断の結果、肩は肩関節周囲炎、早い話が五十肩とF先生は断定したので、僕は「いや僕の場合は六十肩では」とツッコミを入れようとしたが、両肩に４本注射をブツブツと打たれて断念した。問題の手は「使いすぎ、過労でしょ」といとも簡単に言われたが、ここは反論。

「でも左手でアルペジオを弾くと、ピアノの真ん中のドの音をすぎると右に手が行かないですよ」

「大丈夫、大丈夫」

「でも痛いんです、ホントに」

「大丈夫、大丈夫」

「痛くても練習してもいいんですか？」

「大丈夫、大丈夫」

というわけでドクターストップがかからず台湾でピアノ演奏確定、安心半分、がっかり半分。その後、5時半に一昨日オーケストラ録音した映画『柘榴坂《ざくろざか》の仇討《あだうち》』のミックスダウン2日目に直行、オーケストラも良い演奏をしていて録音も良く、午前0時に終わり、1ヶ月間、連日12時間に及ぶ作業が一段落し、ほっとして帰宅したのだが、なんとこの原稿が待っていた。まだ働くのか……台湾、《第9》が遠のいた、フロイデ！

重なるときには重なるということでパソコンに向き合ったのだが、前項の終わりにさまざまな音楽の伝達方法がある、と書いた上で次に続くと宣言してしまった経緯がある。朦朧《もうろう》とした頭で考えても無駄なので、前々から気になっていたことを書く。そもそも音楽は作曲家がいなくてもあったじゃないか、世界中にそれぞれの伝承された民族音楽、日本風にいうと「詠み人知らず」というものがあったわけだ。だから「音楽を伝える」という原点に返るのなら、作曲家が伝えるということより、そこから考えてみるべきではないかと。

民族音楽学者の小泉文夫[※3]さんは僕が最も尊敬している人だ。もし僕が作曲家以外になりたい職業があるとしたら小泉さんのような民族音楽学者がいい。世界中を飛び回り、文明の光さえも届いていない小さな村に出向いて、そこで受け継がれる歌を録音して採譜する。どんな村にも必ずその村の宗教があり、祈りがあり、音楽がある。それらを調査研究する。そして人間とは何か、どこから来てどこへ行くのか？　を考える。ロマンですね、ワクワクする。が、問題あり。僕はヘビとか、トカゲとか蚊が嫌いだ。だからなれないのです、民族音楽学者には。また脱線してしまったが、彼がスリランカのかなり奥地で原始的な生活をしている人たちを調べた。彼らの歌は高い音と低い音の二つだけ。勝手に別の曲を歌い、タイミングもバラバラなのだが、彼らが相手の顔を見ながら一生懸命に相手よりもっと強く歌おうとしているのを見て、小泉さんは「歌の原点を見た思いがする」と強く感動したと書いている。

このことは養老孟司先生との共著『耳で考える』でも取り上げたが、大変重要なことで、「人に何かを伝える」ということは下手でも一生懸命歌う、相手に伝えたいという強い思いがなければならない。譜面とか、備忘用楽譜はあくまで手段であって、どんなに採譜をしたところで、そこにはスリランカの原始的な生活をしている人の歌った音程らしきものとリズムらしきものは書かれていても、小泉さんが感動した音楽の原点は書かれてはいない。つまり音楽を伝えると我々が思っているさまざまな行為（主に楽譜）では、最も大事なものを伝えきれていないのだ。そこから彼らの音楽を感じ取るには、我々にかなりのイマジネーションが必要だ。もしかしたら作曲するのと同じくらいの能力が必要かもしれない。

いつも考えることがある。自分の書く音楽はスリランカの原始的な生活をしている人たちの歌に勝てるのか、または恥ずかしくないだけの価値があるのか？　作曲するということはあくまで人為的行為であって、その人の体験や思想、能力を飛び越えることはできない。いやそんなことはないと、作曲家自らそういう疑問——音楽とは何か？　作曲とは何か？　そういう問いかけを持ち続ける姿勢が大事だと僕は考えるが、何やらややこしい話になってきた。
もう夜明け、パソコンを打つ手が痛い。やはり台湾でのピアノは無理か（笑）。

伝統か人工的かということ

音楽を伝えるということから、音楽の原点のことを書いたのだが、先日上海《シャンハイ》に行ってきた。あまり時間が経つと忘れてしまうので今回はそのときのことや、そこで考えたことを中心に書いてみたい。

正確には上海から車で2時間くらいかかる烏鎮《ウーチン》というところに行ったのだが、そこで中国映画のロケが行われていて、打ち合わせを兼ねてロケ見学に行ったわけだ。

烏鎮は観光地なのだがちょっと変わっている。まず町自体を一人のオーナーが持っているのだ。町を持つ？　大きな企業、工場を持つことは日本人の僕にはわかるのだが、町自体を持つということは想像できない。

それで、古くからある田舎風の町並みを中心にして（もちろんリニューアルしてある）、その周りに同じような家をたくさん造り、景観を損なわないように高級リゾートホテルやレストランを配置し、町の中には車が入れないようにして、ゴルフカートを大きくしたような乗り物で移動する。適度に配置された植物や林からは鳥の鳴き声がいかにも自然ふうに聞こえてくる。だがよく聞くと、その音量は一定であり鳴き声もあまり種類が多くなく、録音したものを流しているのではないかと疑ってしまう。その町の所有者であるオーナーに土地や建物を売った住民は一旦退去し、その後売店やらレストラン、というより食堂の従業員として再就職している。

若いカップルや老年の夫婦、家族などで賑《にぎ》わっていたのだが、いかにも自然に近づけた人工的な町に僕は落ち着かなかった。だが、これがあと何十年か時間を経たら、これはこれで歴史のある落ち着いた古都になっていくのかもしれない。人工的に作ったものが一概に悪いとは言えない。

例えばバリ島の現在のケチャダンスは、「ラーマーヤナ」の物語を題材としてドイツ人画家ヴァルター・シュピース[※4]とバリ人の共同作業で作り上げたものだ。ガムランの代わりに男声合唱のみを使った「ラーマーヤナ」は、1933年に総勢160名で試され、2年後にはさらに発展させて今のケチャの原型になった、とウィキペディアには書いてあった。こういう調べものではまことに便利だ。

その後、一般の観光客用に上演されて今日に至るのだが、そこには人工的であろうがずっと継承されたものであろうが関係なく、見る人々を感動させる何かがある。だから今でも多くの観光客が集まるのだ。

ちなみにこのガムラン、ケチャの発祥の地、バリ島のウブドゥは世界で最も好きな場所の一つである。だから《モンキー・フォレスト》という曲まで作っている（ケチャのことをモンキーダンスと言うこともある）。突然降り出す激しい雨は文字通りバケツをひっくり返したようであり、夜の闇は本当に漆黒なのである。食べ物はおいしく、人々の笑みには謎があり……まさにストレンジャー・ザン・ウブドゥなのだ。

話を戻して伝統か人工的かということを考えさせられた場所がもう一つあった。随分昔ではあるが、アフリカの中西部にあるマリ共和国に行ったときのことだ。ここでも伝統を人工的に作り換える試みがされていた。マリは北部のサハラ帯、中部のサヘル帯、南部のスーダン帯と大きく３つに分けられるのだが、そのほとんどが砂漠であり、中部に流れるニジェール川流域に多くの人口が集中している。マリ人は踊りや音楽が好きで、世襲制の「グリオ」という音楽家たちがいる。その「グリオ」ではないが、サリフ・ケイタ[※5]というシンガーは世界的にも有名だ。

それで、この北部、中部、南部にはそれぞれ別の民族音楽があり、使われる楽器も異なっている。僕が会ったマリ大学の音楽教授はこの異なる３つの民族音楽を一つにしようと研究し、学生たちに楽器の改良や実際の演奏をさせていた。僕はやや疑問を持って彼に質問した。「伝統はあるがままのほうが良くないですか？」もちろん通訳を介してである。すると「いや、伝統は放っておいたらすぐ廃れます。誰も演奏も聴くこともしなくなります。時代に合わせながら３つの伝統芸能を一つにする。それがマリの生き残る道です」。

この言葉にはもう一つの意味がある。マリ共和国はフランス植民地時代を経て独立したのだが、その後ずっと内戦が続いている。長い軍事独裁体制や２０１２年の北部紛争など現在に至っても治安は悪化し続けている。21世紀は大同団結ではなく、違いを主張する時代だ。この国の中で、異なる伝統を一つにすることで国が一つになる手助けをしたい、彼にはおそらくその当時からそんな思いがあったのではないか。一、二度の手紙のやりとりはあったが、その後、連絡を取り合っていないので、今、彼がどうしているかわからない。

伝達方法としての譜面について

「音楽を伝える」ということで書き出したのだが、作曲家が伝える方法として楽譜があり、だがそれはすべてを伝えきれていないということをはじめに書いた。そして、そもそも人が音楽を伝えるとは何か？　ということでスリランカの先住民が一生懸命に相手に向かって歌うことを書き、第Ⅰ章では、僕がベートーヴェンの《第9》を演奏者や観客に伝えようと懸命に指揮したときに「神が降りてきた」ような体験をしたことを書いた。

それぞれ伝達方法、人と音楽（音楽とは何か？）、演奏が伝えることなどを書いてきたが、「音楽を伝える」ということはこの本の本質的なテーマなのかもしれない。

そこでもう一度最初に戻り、人が人に伝える伝達方法としての譜面に戻る。

クラシック音楽の歴史は作曲家の歴史でもある。小学生のころ、音楽室の壁に年表が貼ってあった。その年表の始まりが肖像画付きで音楽の父バッハ、音楽の母ヘンデル[※6]だった（その前に小さな字でヴィヴァルディ[※7]などが書いてあった）と記憶しているが、そのためヘンデルは女だと勝手に思い込んでいた。

まあそれはどうでもいいのだが、その年表の始まりの前にも音楽は盛んに行われていた。古代ギリシャから中世にかけて、そしてルネサンス時代にも多くの音楽家が現れ、外国との交流も盛んだった。ただこの時代の楽譜など資料があまりないためその実態が把握されにくい。前に国立《くにたち》音楽大学の作曲科の講義のため弦楽四重奏曲の歴史を調べたが、それは16世紀初頭のイギリスでの「ヴィオール四重奏」というヴァイオリンの前身みたいな楽器にまで遡らなければならなかった。つまり音楽は延々と繰り返し、作曲され演奏されていたのだが、後世に伝えるためのものが残っていないため、比較的資料や楽譜の残っているバロック以降のものが、音楽授業の対象としてクラシックの歴史になっている。

バロック以前はまだ専門の作曲家、演奏家という区分けはなく、また著作権の概念もそれほどないため、当時の流行の歌や他の人の作曲した曲を題材にしたり、演奏会のために編曲することは普通に行われていた。また楽譜は備忘用としっかりと書かれたものとに分かれているケースも多い。

例えば17世紀初頭のドイツではディートリヒ・ブクステフーデ[※8]とヨハン・アダム・ラインケン[※9]という2大作曲家がいた。いわゆる北ドイツ・オルガン楽派の隆盛を築いた二人である。前者は僕もレコーディングしたことがあり個人的にも大好きな作曲家で、声楽曲、オルガン、室内楽としっかり書かれた譜面が残っている（もちろん喪失した楽譜も多い）が、後者は当時絶大な人気を誇ったオルガン奏者ではあったが、即興演奏が得意だったため、備忘用程度のもの以外に残された楽譜は少ない。

両者の性格はまるで逆でおもしろいのだが、共に優れたオルガン奏者（当時は教会でのオルガン奏者はステイタスだった）であり、のちのバッハに多大な影響を与えたほど大きな存在であった。

ラインケンが得意とした即興演奏は、ジャズなどでお馴染《なじ》みのとおり基本的に演奏家に委ねる部分が多いのだが、20世紀になって作曲家が不確定性として図形楽譜などで取り込む努力をした。僕も20代のときは随分書いたのだが、多分に時代のムードに流され論理性を欠いていたこともあり、ほとんどの譜面は破棄した。もしかしたら押し入れのどこかにあるかもしれない。

このように即興演奏は大変魅力的ではあるが、完全に自由な即興演奏は存在しない。あるとすれば個人の遊びとしてだ。キース・ジャレット[※10]の名盤『ザ・ケルン・コンサート』でさえしっかり頭の中では組み立ててあり、その場では即興的ではあるが、自由勝手に弾いているとは思われない。多くのジャズではテーマのメロディーがあり、コードが決まっていて、リズムも事前に打ち合わせをしてから演奏するのであり、ある約束事の上で許容される範囲での即興なのである。それに反発したジャズマンは、１９６０〜70年代にかけてフリージャズと称して既成概念をぶち破ろうと激しく楽器をかき鳴らした。僕もよく観に行ったが、今でも演奏しているのだろうか？　それとドナウエッシンゲン音楽祭から始まる一連の前衛音楽が妙にシンクロするのがおもしろい。

話を戻して、自由な即興ということではないが、作曲家が演奏者に委ねる枠のような表記方法がある。バロック時代の数字付き低音がそれである。これは主にチェロなどの低音楽器の音符に数字が書いてあり、それに則《のっと》ってチェンバロが和音を弾くのである。例えばドの音に5（書かない場合もある）とあれば下からドミソ、６とあればミソド、６４《しろく》とあればソドミということになる。これは便利な方法で、譜面の簡略化に大きく貢献している。このような記号は和声学でも別の表記方法があるが、その究極はジャズのコードネームだ。

演奏における自由度――ジャズとクラシックの違い

「コードネーム」をネットで調べると、最終的な製品名（型番）が決定していない、開発途中のハードウェア／ソフトウェアに付けられる名前と書いてある。なるほど、僕は音楽用語だと思っていたが、一般社会でもこの用語は使われているらしい。しかも開発途中で付けられるということは、作曲されたものを最終製品と仮定すれば、コードネームはその途中の過程を表示するものではある。確かに作曲する初期段階でメロディーなどは譜面に書くのだが、和音はコードネームで略する場合もある。もちろん最終的には和音の配置が重要なので必ず書き込むが、まずは全体を見通すための簡略化が大切だ。

コードネームは簡略化された和音を示すものであり、音楽の3要素、メロディー、ハーモニー（和音）、リズムのうちの一つを示しているにすぎない。が、多くの作曲家が不協和音を含め膨大な時間を費やすのが、和音であり響きなのである。大編成のオーケストラ曲のスコアは、たくさんの音符が飛び交っていて、見るのも嫌になるのだが、古典、ロマン派の作品は実は縦のラインで響く和音は規則正しく、コードネームで書ける場合が多い。つまり分析するときにコードネームは大変役に立つ。クラシックの大交響曲にコードネームを持ち込むなんて場違いな感じはするが、時間がないときスコアの一番下にうっすらコードネームを書いておくことがある。だから人に見られたくないのだが、たまにプロの指揮者のスコアでも見かけることがある。

前項にも書いたとおり、ジャズにおける即興とは、ある約束事の上で許容される範囲での自由だ。ここではジャズの根本的な精神や何がジャズか？　というようなことには触れない。あくまで譜面が伝える範囲での問題にしぼる。

この簡略化された表記方法によって演奏者にはかなりの自由が与えられる。例えばCというコードを弾く場合、構成音はド・ミ・ソなのだが、どのような配置にするか音域にするかは奏者に委ねられる。もちろんド・ミ・ソを素直に弾くのはアマチュアでしかなく、プロのミュージシャンはそこにいろいろな音を加えていく。そのテンションコード（緊張感のある高い非和声音を含む和音）や和音進行に伴うパッシングコード（経過的和音）のスリリングなやり取りがジャズの醍醐味でもある。

演奏者への自由度ということは実はクラシックでも重要だ。基本的には作曲者が書いた音符を演奏するのだが、そのまま音にしたのでは即物的でおもしろくない。その曲をどう聴衆に伝えるかということで解釈が生まれる。その解釈できる自由度がクラシックの醍醐味でもある。だから凄く難しい現代音楽などの場合は、そう多くはないリハーサルも手伝って音を正確に出すだけで手一杯になり、解釈までにはなかなか行き着けない。この場合は演奏者の自由度は極端に減る。逆に1時間を超すシンフォニーでも演奏頻度が多い場合は、演奏者に余裕が生まれ解釈の範疇《はんちゅう》は広がる。日本におけるベートーヴェンの《第9》がそれに当たる。もちろん指揮者の意向も相当大きいが、直接音を出しているのは演奏者だから、この自由度は音楽を豊かにする。

またジャズとクラシックの大きな違い、あるいは特徴はその編成にも表れる。例えば四重奏（カルテット）で考えると、ジャズではリズム隊と呼ばれるドラム、ベース、ピアノにメロディー楽器としてサックス、あるいはトランペットなどが入る。この場合、どの奏者がどんなに好き勝手に激しく演奏しても各楽器の音色は聞き分けることができる。ドラムが激しくシンバルやタムタムを叩いてもベースのラインは聞こえる。個人的にはこのベースランニングが最も重要だと考えるのだが、とにかくプレイヤーは他の奏者の音をアドリブに熱中していても聞こえる。逆にいうと各楽器の音色が混じらないからでもある。この編成をエンターテインメントにまで拡大するとポップスやロックになる。ドラム、ベース、キーボードにギター、まあそれにヴォーカルということになるわけだが、ヴォーカルがギターを兼ねる場合も多い、特に売れてない場合は（笑）。

他方、クラシックでの四重奏というと弦楽四重奏が最もスタンダードな編成である。古今東西を問わずあらゆる作曲家が書いてきたこの編成は、書き出すと1冊の本になるくらい深くて機能的な編成なのだが、大きな特徴は音色の均一化だ。2ヴァイオリン、ヴィオラとチェロという組み合わせは楽器の大小の違いはあるにせよ、同じ弦楽器で同質の響きを得られる。つまり音が混じるのである。そのため繊細なメロディーや微細なハーモニーの演奏でも、お互い目まぐるしく入れ替わっても違和感はない。この自由度は大きい。

この混じらないが故の演奏の自由度と、混じるが故の限定された表現の自由度が、音楽を伝える上でのジャズとクラシックの差である。どちらが良いか良くないかという話ではない。それぞれ独自の表現があり、それ故の譜面上の自由度も違うのである。

発想記号の使い方について

ジャズとの比較をしながら楽譜のことを書いたが、今回はチャイコフスキー[※11]の交響曲第6番《悲愴》を中心に、音楽記号のうち、発想記号（強弱記号や表情記号など）について書く。これも「音楽を伝える」ということでの譜面としては、とても重要なことだ。

《悲愴》は京都市交響楽団と演奏するのだが、久しぶりのチャイコフスキーである。ミニマルではないが、あの怒濤《どとう》のごとく押し寄せるフレーズの繰り返しや美しいメロディーの中の沈黙、そして金管の咆哮《ほうこう》は意外に得意かもしれない。個人的には大変厄介な図形楽譜と格闘している最中で、この曲を見ると何だかホッとする。縦線（つまり拍子）があるということがあるまともな譜面なので、音も頭で描きやすいし、全体のイメージもしやすそうなのだが、今度はその強弱記号や表情記号に悩まされそうだ。

例えば譜面やスコアから、音符以外のものをすべて外したものを想像していただきたい。ただオタマジャクシが書かれているだけ。何か味気ないでしょう、無味乾燥。僕は作曲の仕事の大半をコンピューターで作っているのだが、何日もかかってやっと仕上がった段階がコンデンス譜で打ち出されたこの状態の譜面だ。それから手書きでf（フォルテ）やp（ピアノ）、<（クレッシェンド）、>（デクレッシェンド）などを書き込み、さらにcon brio（生き生きと）とかmisterioso（神秘的に）などと、日本人なのにイタリア語で発想記号を書き入れる。まあ慣習なのだから仕方ないが、ドイツ人はドイツ語でフランス人はフランス語で書いてある曲も多い。ちなみにロシア人のチャイコフスキーはイタリア語で書き込んでいる。まあそれでやっと血が通った、というか、のっぺりした「顔なし」から姿、形が見えたスコアになる。

その中で強弱を伝える記号には実は二つの側面がある。一つは物理的な意味での音量として、もう一つは心情的な意味での記号だ。例えば*p*は、物理的には弱く演奏するのだが、別の側面は*f*ではなく、ということでもある。つまり*f*と書くと音量的な強さだけではなく力強く演奏される危険があり、あくまで優しく包み込むようなメロディーを歌う場合は*p*あるいは*mp*（メゾピアノ）、*mf*（メゾフォルテ）、meno *f*（メノ・フォルテ＝それほど強くなく）など作曲家によって様々な表現を用いる。ドビュッシー[※12]の場合は、あのアンニュイな表現のため*p*、*pp*（ピアニッシモ）などが多用されている。だからそのまま物理的に演奏したらまったく他の音に消されて聞こえなくなる場合も多い。

その点チャイコフスキーは、かなり物理的な記号として書いている。《悲愴》の冒頭は6小節のテーマを2回ファゴットが演奏するのだが（それをコントラバスと後半でヴィオラが支えるというかなり大胆なオーケストレーションで素晴らしい）、1フレーズずつ*pp*、*p*、*mp*、*sf*（スフォルツァンド＝特に強く）、*p*と書いた上にそれぞれクレッシェンド、デクレッシェンドがついている。要は6小節にわたり、波のようにうねりながら段々盛り上がり、最後には自問するかのように小さくなるということなのだが、かなりしつこい。チャイコフスキーの性格が垣間《かいまみ》見えるようだが、物理的な記号を駆使しながら感情的なものを伝えようと試みている。これが全楽章にわたって細かく書いてあり、あの有名な第4楽章の哀歌（個人的にそう思っている）に繋がるのである。

そういえばベートーヴェン、マーラーの表情記号もかなりしつこく書いてある。まるで作曲のときに（音楽の3要素であるメロディーやリズム、ハーモニーの音符を書いたとき）やり切れなかったことを埋め合わせるかのように。

実は作曲家はこの強弱記号や表情記号を書き込むことに、かなりのエネルギーを使う。僕の場合、作品は別として映画音楽などの仕事では *mp*、*mf* などの表記が多い。つまりちょっと曖昧な表記である。そのことをあまり意識はしていなかったのだが、セリフを食ってしまう可能性がある *f* や、効果音に負けてしまう *p* は自然に避けていたのだろう。チャイコフスキーはこの *mp*、*mf* を多用しているが、ベートーヴェンにはそのような軟弱な表現はない。そのかわり *ff*、*pp* が多く使われたうえに *sf* が頻繁に顔を出すのだからそれは強い。だからベートーヴェンを演奏する場合は、*p* と *f* はそれなりに演奏し、*ff* と *pp* は特別なニュアンスを持って演奏するほうがいい。

それで僕も思い立ってWDO（ワールド・ドリーム・オーケストラ）のコンサートで演奏する《かぐや姫の物語》を作品化するとき、すべての強弱記号を強く書き換えようとしたのだが、やはり *mp*、*mf* は残った。一度作ったものは簡単には変わらない。

このように、作曲家によって発想記号の意味はかなり異なっているのだが、彼等はその曲を作ったまたその先の理由を発想記号に込めて書き込む。音だけではできなかったことを含めて。

楽譜の不完全さについて

「音楽を伝える」ということでの譜面について（途中いろいろと脱線しながら）書いてきたが、そろそろこの項目をまとめたい。

僕が大学時代から愛蔵している音楽之友社刊の『標準音楽辞典』によると「楽譜（譜面）」とは「楽曲を一定のやくそくごとに従って記したもの。現在は主として五線譜をいうが、広くは五線譜に限らない」という意味のことを簡明に書いてある。実はこの辞典、長いあいだ本棚の中央にドンと鎮座していたのだが、ほとんど使っていなかったためカビや変色が甚だしい。が、最近になって指揮のためさまざまな用語（伊・仏・独などの）や楽式に関することを調べるうえで大変役に立っている。今ではこのカビ臭い辞典は机の上に絶えず居座っているほどである。

そして続いて「記譜法」を引くと、先ほどの「楽譜」とは大違いで延々と解説が続いている。要約すると「音楽を可視的に表記する方法で、今日ではヨーロッパの五線記譜法（17世紀以後に完成）が広く受け入れられているが、その他の時代、地域の音楽を表示するにはきわめて不完全、不十分である」と何とも過激に言い切っている。続いて「18、19世紀のヨーロッパ音楽の表示でさえ、種々の制約があることは広く知られている」、つまり今日演奏されている大半のクラシック音楽の表記でさえ完全ではない！ などという、音大生が聞いたら卒倒しそうなことまで言及している。辞典恐るべし。

そして「現代音楽においても五線記譜法の持つ欠陥を打開するもろもろの試みが行われている」とある。このことは少し触れておきたいのだが、この辞典が出版された当時（１９６６年）はまだ現代音楽に対してある種の希望があり、音楽が過去から現代に繋がっていた時代だと思われる。だから現代音楽が五線記譜法の持つ欠陥を打開する可能性を信じたからこそこう書いてあるのだが、今はそんな試みを聞くことはほとんどない。現代はいろいろな意味で退化しているとしか思えない。

ちなみに辞書、辞典に関しては三浦しをん氏[※13]の『舟を編む』（光文社）を読めばわかるのだが、絶対的な真実だけを書いているのではなく、今日最も幅広く一般に受け入れられている事実が書いてあるらしい。この音楽辞典だけでも大勢の音楽学者が執筆しているが、「記譜法」の項目は皆川達夫氏[※14]である。氏は中世・ルネサンス音楽などの研究で知られる著名な音楽学者である。

話を進めよう。皆川氏は五線記譜法が古今の記譜法の中でもっとも表示力に富み、優れたものであることは否定しないのだが、「結局、記譜法というものは便宜的な手段にすぎず、作曲者の意図を完全に表示することは本質的に不可能である」と結論づける。また「一つの記譜法体系は特定の音楽様式と密接に結びついており、ある体系の譜法で表示されている音楽を、他の体系の譜法に移しかえることは、音楽そのものを変容ないし破壊することになってしまう」と警告する。この皆川氏の記述はまことに示唆に富む。

譜面は絶対的なものではない。もちろん演奏者は書かれたものを細かく読み取る必要はあるが、そこに記されたことをそのまま演奏したのでは、もとが不完全なものなのだから、出来上がった音楽も不完全ということになる。だから指揮者や演奏家が譜面の後ろ側にある何か、あるいは行間を読み取ろうと独自の解釈をするのだが、僕はできるだけ譜面に忠実なほうがいいと考える、たとえ譜面が不完全だとしても。何故なら個人の余計な思惑が入り込むよりましだから。

ついで辞典にはさまざまな記譜法として、ネウマ譜、タブラチュア譜、文字譜、モーダル記譜法など聞いたこともない事例が載っているのだが、中には黒譜定量記譜法などという、ほとんど図形楽譜のようなものまである。いつの時代のものかは定かではないが、その前衛的といえるほどの譜面は美しく端正で思慮深く、人類の英知と感性を見事に表現している。人はそれぞれの時代を生き、音楽と向かい合い、楽しみ、慈しみながらその感動を何らかの形で伝えようと書き記してきた。そしてそこに書き記されたものは間違いなく人類の財産なのである。

譜面とは何か？　音楽を演奏者に伝えるために視覚化したもので、その視覚から入った情報を脳に伝達して、音に置き換えさせるもの。いずれにせよ音楽を視覚化したものではある。

プロの演奏家はこの視覚からの情報をいち早く体に伝え、身体的運動によって音に置き換える。同時に聴覚もフル活動させ音程やリズムに注意する。すべては脳でコントロールするのだが、それを経由しないで直接身体的運動にするまで修練する。まことに複雑な、あるいは神秘的といってもいいほどのメカニズムなのだが、この視覚と聴覚の問題は第Ⅲ章に書きたい。

オーケストラに何をどのように伝えるか

「音楽を伝える」ということを楽譜を中心に書いたが、では第Ⅰ章で書いた「音楽が音楽になる瞬間のこと」について、指揮者はその瞬間のために、何をどのようにオーケストラに伝えたらいいのかを考えてみたい。

まずは、伝える手段である言葉について。僕は、アジアツアーなどで海外のオーケストラを振ることもあるが、そんなとき、音楽用語と片言の英語でほぼ伝わる。「モア・ピアノ（もっと弱く）」「ユー・ラッシュ（あなた、走っているよ）」……。カルロス・クライバー[※15]は《こうもり》序曲を指揮したとき、ある箇所でオーケストラに「この8分音符にはニコチンが足りない。タールや毒が必要だ」と言ったそうだが、クライバーのように文学的な人は話したほうがいいのだろう。僕の場合はとてもシンプルだ。

「これはこうで……」と、長いセンテンスで言葉を投げかけるのではなく、具体的な指示をする。作曲家としてクラシック音楽に向かって指揮をするので、その観点から端的に伝えていく。例えばメロディーラインのほかに、第2ヴァイオリンやヴィオラにこまかい音符が書いてあると、せっかく作曲家がここまで書いたのだから大切にしよう、立体的に作ろうと考える。だから多くの場合、メロディーを振るよりも内声部やリズムを整えるほうに神経を遣う。

でも、こんなこともあった。僕の《World Dreams》という曲がある。朗々とメロディーが歌う曲だ。これを新日本フィルハーモニー交響楽団と録音していたときのこと。いい演奏だったのだが、もっとぐっと迫ってきてほしかった。そこでなぜこの曲を作ったのかという話をした。作曲当時、僕が脳裏に描いていたのは、２００１年の９・11、飛行機が突っ込んだ世界貿易センタービルの映像と、戦争に巻き込まれた子供たちの飢えて泣いている顔だった。そうした悲惨な映像しか浮かんでこなかった。それをイメージしながら、いつか平和という「世界の夢」が果たせればという気持ちで作った曲だと話した。すると、オーケストラの音がまったく変わった。たしかに言葉は有効なのだ。

今度、久しぶりに、ショスタコーヴィチの交響曲第５番を指揮する。そこで、いろいろ勉強している最中なのだが、オーケストラに強弱やテンポのことばかり言っていると、音楽としていったい何をやりたいのかが伝わらないだろうなと痛感している。単純に強弱やテンポについてなら、楽譜にしっかり書いてあるわけだから、それを繰り返して指示したって、「そんなことは言われなくてもわかっている」ということになる。しかも、第５番でいえば、金管楽器が全奏するある箇所で、全体としては大音量になるのだけれど、実は各楽器で強弱記号が微妙に違っていたりする。そこで指揮者は、その楽譜の微妙な違いをきちんと把握したうえで、実際のオーケストラから出てくる音を冷静に聴き分け、さらにオーケストラにどのような音楽を作っていきたいのかを示さなければならないのだ。ところが、どうしても即物的に、そこは抑えて、ここはもっと出して……となりがちだ。そうなると、音楽が伝わらない。*p*《ピアノ》の箇所で、いくら「*p*で」と言ったところで何も伝わらない。ところが、「ここは甘い音ではないのです。

*p*でも、ロシアの厳しい大地のようにすべて冷たく」と言えば、オーケストラも、ああ、そういう音がほしいのかとなる。

この曲で何をしたいのかを伝えられずに、こまかいことだけを指示していくと、オーケストラは守りに入る。言われたとおりに、間違えないように……。そうなると音楽が音楽になる瞬間には辿り着けない。だからといって、こまかいことは一切言わなくていいというわけでもない。

例えば、ベートーヴェンの交響曲第9番第1楽章の冒頭。多くの指揮者の場合、ピアニッシモで抑えに抑えて、深淵から音が現れるように演奏するが、僕は第2ヴァイオリンとチェロが6連符を刻み続けるリズムを大事にしたいので、あまり弱くはしない。第2主題になるとだいたい遅くなるのだが、そこはどうしてもリズムをキープしたい、ソリッドな構造が見えるベートーヴェンにしたい。それは最初の練習のときにはっきり伝える。そうすると、オーケストラの奏者も、この指揮者は全体を通して何をやりたいのかが見えてくる。2日か3日のリハーサルしかないなかで、極論すれば、指揮者は自分のやりたいことを最初の10分で伝えなければならない。

ところで最近、指揮をするのが、ほんの少々だがつらくもなってきた。なぜなら、同じ曲でも初めてのときと2回目、3回目では出来上がりが全然違うのだ。1回目より2回目、2回目より3回目とよくなっていく。新たな発見もある。つまり、もっともっと膨大な時間が必要だと思い知ってしまったからだ！

コンサートマスターってどんな人？

前回、オーケストラには何をどのように伝えるかということを書いた。その窓口ともいうべきなのがコンサートマスター（第1ヴァイオリンの一番前、客席側に座っている、いわばオーケストラのリーダー的存在）である。ところで、コンサートマスターの具体的な役割などについて、ご存じの方は意外に少ないのではないだろうか。

まず、僕が常々不思議だと思っているのは、コンサートマスターを務める人は、最初からコンサートマスター、あるいはその候補者としてオーケストラに入ってくることが多いことだ。普通はヴァイオリンの後ろの席から始めて、オーケストラの経験を十分に積んで、徐々に上り詰めてコンサートマスターになると考えそうだが、そういうケースはあまり聞かない。オーケストラ経験のない若いヴァイオリニストでも、オーケストラの顔であるコンサートマスターとして白羽の矢が立つ。

では何をもってコンサートマスターの資質としているのだろうか。ヴァイオリンのうまさは当然だが、人をまとめる力があるというのも大きな条件になるのだろう。テクニック、統率力、人格、あるいは「華」とでもいうものなのか……。オーケストラ団員から見れば、あの人だから安心してついていけると思える人、もし若い人だとしても、この人なら育てようと思わせる人ということか。そして、あるオーケストラのコンサートマスターが、ほかのオーケストラに移るとき、その場合もほとんどはコンサートマスターとして移籍するのだ。

舞台の裏からいうと、楽屋に指揮者の控室があるように、コンサートマスターの控室もある。ちなみにオーケストラ団員の個別の控室はない。つまり、コンサートマスターはオーケストラの中でも、特別なポジションなのだ。

ではその仕事。僕が初めてオーケストラを指揮したときのこと。木管楽器の奏者たちに合図をしようと思ったとき、当然、目が合うと思っていたのだが、なんと奏者たちの目が泳いでいるのだ。僕を見ていない。視線の先を辿ると、みんな僕の左下のあたり、コンサートマスターに目を向けていた。つまりオーケストラの人は、極論すると指揮者の僕を見ていなかったのだ！

なぜそんなことが起こるのかというと、そのオーケストラにあまり慣れていない指揮者の場合、コンサートマスターがまず指揮者の意図を理解し、それに他の奏者がついていくというのがオーケストラの基本のパターンだからなのだ。それだけコンサートマスターの役割は大きい。まさにオーケストラの顔だ。

僕は指揮をしていて気分が乗ってくると、ついテンポを速めたくなることがあるのだが、お互い理解し合っている気心の知れたコンサートマスターだと、そんなときにはわざとテンポを遅らせてくる場合がある。そして目で「ここはまだ急がずに」と合図を送ってきて、僕も目で応《こた》える。演奏中の阿吽《あうん》の呼吸での会話だ。

どんなに大きな楽器編成で複雑な曲の場合でも、指揮者が一度にできることは限られている。手が8本もあれば細かく指揮できるのだが、そうはいかない。全体的なことや音楽の表情などの指示はもちろんするが、そこから先の細かいところまではできないこともある。そこで奏者は、音を出す細かいタイミングを、コンサートマスターの弓の動きに合わせることになる。

それはオーケストラの活動のあり方にも関係がある。ひとつのオーケストラの年間演奏数を100回として、それを何人の指揮者が振るのかを考えてみればわかっていただけると思う。少なく見積もっても数十人。次々に違う指揮者と限られたリハーサル時間だけで本番の舞台に立たなければならない。そういう状況のなかで、オーケストラの奏者全員が指揮者だけを見ていたら、アンサンブルが成立しない。特に指揮の打点（拍の頭を示す指揮の動きのポイント）がわかりにくい場合などは、コンサートマスターに合わせることになる。

時には、オーケストラでも事故が起こる。だんだんアンサンブルが乱れてきて、このままいくと事故に繋がるというとき、いい指揮者はそこで危険を察知して回避する。そして、コンサートマスターもそれをいち早く察知し、弓のボウイング（上げ下げ）を大きくして、オーケストラ全員にどこが拍の頭かを知らせるなどして事故を回避しようとするのだ。そうした数々の場面で、この人ならついていける、と思わせるものがあるから、コンサートマスターが務まるのだろう。やはり途轍《とてつ》もなくたいへんな役割なのだ。

〈註〉

1 ミック・ジャガー：1943〜。イギリスのミュージシャン。62年のローリング・ストーンズ結成時からヴォーカルを務め、ソロでも活動する。

2 キング・クリムゾン：イギリスのロック・グループ。1968年の結成以来、現在までメンバーを入れ替えながら解散・再結成を続ける。リーダーはロバート・フリップ。

3 小泉文夫：1927〜83。民族音楽学者。世界各国をめぐって諸民族の音楽を探究・紹介。日本の民族音楽学の発展に寄与した。

4 ヴァルター・シュピース：1895〜1942。ドイツの画家。舞踏家・音楽家としての才能もあり、バリ島滞在中にケチャ（男声合唱と舞踊劇）の創作に関わる。

5 サリフ・ケイタ：1949〜。マリのシンガーソングライター。アルビノ（先天性白皮症）のため、世に知られる前は迫害を受けていた。

6 ヘンデル：1685〜1759。ドイツに生まれ、イギリスで活躍した作曲家。バロック後期の作曲家として大きな足跡をのこす。《水上の音楽》《メサイア》など。

7 ヴィヴァルディ：1678〜1741。イタリアの作曲家。ヴァイオリニストでもある。1725年、《四季》を発表。

8 ディートリヒ・ブクステフーデ：1637頃〜1707。ドイツの作曲家・オルガニスト。オルガン音楽ではバッハ以前の巨匠。

9 ヨハン・アダム・ラインケン：1643〜1722。オランダ生まれの作曲家。ハンブルクでオルガンを学び、聖カタリナ教会のオルガン奏者に就任。

10 キース・ジャレット：1945〜。アメリカのミュージシャン。ジャズ・ピアニストとされるが、本人はジャンルにとらわれず、バッハ、ヘンデルなども演奏する。

11 チャイコフスキー：1840〜93。ロシアの作曲家。交響曲やオペラをはじめ、《白鳥の湖》《眠れる森の美女》《くるみ割り人形》などのバレエ音楽でも名曲を生み出した。

12 ドビュッシー：1862〜1918。フランスの作曲家。フランス近代音楽の扉を開いた作風は「印象派」と称された。《牧神の午後への前奏曲》《海》など。

13 三浦しをん：1976〜。小説家。『舟を編む』では、国語辞書の編集作業に関わる出版社社員たちの奮闘する姿を描いた。

14 皆川達夫：1927〜。音楽学者。著書に『中世・ルネサンスの音楽』『バロック音楽』『楽譜の歴史』など。

15 カルロス・クライバー：1930〜2004。オーストリアの指揮者。天才指揮者とも称され、世界各国の指揮台に立ったが、録音を嫌ったためにレコーディングの数が少ない。

EINWAY & SONS
NEW YORK HAMBURG

Ⅲ 知る

音楽と視覚と聴覚の問題

２０１４年の夏のＷＤＯ（ワールド・ドリーム・オーケストラ）が終わった。まだその余韻が残っているのだが、翌日から早速チャイコフスキーの《悲愴》や10月に演奏するベートーヴェンの交響曲第３番《英雄》、それから現代の音楽のヘンリク・グレツキやニコ・ミューリー[※1]などのスコアと格闘する日々が続いている。その合間？　にソロ・アルバムの仕上げもあってちょっと忙しい。こうして毎日オタマジャクシと向かい合っているとクラシックは譜面が命なのだとつくづく思う。

さて、視覚と聴覚について書こう。

音楽は基本的に耳から入る音の情報を脳に伝え、ある種の感情や論理性などさまざまな情動を聴き手に喚起させるのだが、演奏する側は視覚に頼ることが多い。例えばプロの演奏家は、譜面から入る情報をいち早く音に置き換える専門職である。オーケストラを指揮していていつも思うのだが、僕の譜面を見て（とにかく難しいといつも言われてます）たった２〜３回のリハーサルで観客の前で演奏するということはホント神業としか言いようがない。何度も演奏しているクラシックの曲でさえ辞書並みの厚さのあるスコアなのだから、そういう曲を年に１０0回くらい演奏するのはすごい。これがプロなのだ、といつも感心するのだが、その場合、習い覚えた技術のほかは目から入る情報しか頼れない。つまりいかに正確に譜面を読み取り、弾けるかが重要な鍵になる。

考えてみれば音楽大学など学校で教えていることは、この譜面から入る情報をいかに正確に脳に伝えるかを訓練することである。もちろんそのバックボーンとしての知識を含めて。また指揮者は基本的にスコアを読んで頭で音を鳴らさなければいけない。つまり音を頭の中で組み立てるのだが、その作業は視覚から入った情報を脳の中で疑似聴覚体験に変換するわけだ。そのため多くの時間をスコアの読み込みにあてる。このことはベートーヴェンが耳が聞こえなくなったにもかかわらず、なぜ作曲ができたか？　を考えるヒントになる。音楽家にとって耳が聞こえないということはどれだけ絶望的な状況かは誰が考えてもわかるのだが、ただ、訓練によって頭で音を鳴らし、頭で鳴っている音、あるいは考えた音楽を譜面に書いていくことが成立する可能性はまったくないわけではない。もちろん図抜けた精神力がないとできない。カレーやラーメンやハンバーグやイタリアンを想像して満足しろというのに等しく、実際に音で聞けないことはどれだけ苦悶《くもん》することかわかる。こう書いたら何だかお腹が空いてきた（笑）。

とにかく想像を絶することだが、頭で音楽を組み立てることができる可能性はある。もちろん多くの作曲家や僕などは頭で組み立てはするが、実際ピアノで音を確かめるか、コンピューターでシミュレーションしたりする。それなのに実際のオーケストラでレコーディング、あるいはコンサートのとき、考えたのとは違う音がする場合もある。つまり考えたとおりではないのだ。ちょっと情けないのだが、だからこそ面白いのである。

それにマーラーをはじめ多くの作曲家が初演時にかなり手を入れて修正している事実を考え

れば、それほど悲観することではないのかもしれない。またベートーヴェン自身も耳が聞こえないながらもピアノに向かって作曲していたらしいので、実際は弦を打つハンマーの振動や微かに水中で聞こえるようなくぐもった音として聞こえていた可能性はある。いずれにせよ、今日のクラシック音楽の世界では譜面を読む視覚的なことと聴覚の連携は欠かせないのだが、ピアニストの辻井伸行さんのように聴覚が視覚をも補って余りある、素晴らしい音楽家もいる。まさに天才と言うしかない。

要は、耳、あるいは眼から入った情報をいかに脳で変換するかということだが、実はこの耳からと眼からの情報は微妙な違いを脳にもたらす。場合によってはまったく別の情報を脳にもたらすこともある。

一つ例を挙げよう。映画の音楽を作っているとき、1秒24コマあるのだが、その24分の1秒までぴったり映像に音楽を合わせたとしよう。こういう場合は室内から屋外に画面が切り替わるとき、あるいは突然泥棒に襲われたとき、フーテンの寅さんがいきなりお店に帰ってきたときなど多々考えられるのだが、そのときに音楽も変えるか、衝撃を与えようとしたとする。すると必ず音楽が先に鳴ったと感じる。つまり画面と同時に音楽を、物理的には（24分の1秒まで）ぴったり合わせたはずなのに音楽が先行して聞こえる。どうです？ 面白いでしょう。これは眼から入る情報と耳から入る情報が脳に伝わるときに生じる時間的なズレからきているのだ。

視覚と聴覚のズレはどうして起こるのか？

視覚と聴覚から入る情報にはズレが生じる。では何でそういうことが起こるのか？　本来映像は光だから音より速い。だとすると映像のほうが先に飛び込んでくるから、音楽を逆に先行させなければ映像にぴったり合うことはない。ところが現実は逆である。

そのことに関して養老孟司先生は「おそらくシナプスの数です。意識がどういう形で発生するかわかりませんけど、自分がこういうことを見ているというのと、聞こえてくるのと、脳の神経細胞が伝達して意識が発生するまでの時間が、視覚系と聴覚系とでは違う。だからズレているわけです」と僕との対談本『耳で考える』で語っている。

そのことで思い当たるのは、町を歩いているときやお店で何気なく聞こえてくる懐かしい歌を耳にしたとき、それを聞いた当時のいろいろなことを思い出して胸を熱くする方も多いと思う。これが逆に昔の懐かしい場面を思い浮かべて、それから音楽を思い浮かべる人はそれほどいないのではないか。別の例で言うと、映画のあるシーンを思い出し音楽をその後で口ずさむより、音楽を聞いてからそのシーンを思い浮かべるほうが多いはずだ。例えば、オードリー・ヘップバーン[※2]の『ティファニーで朝食を』という映画で言えば、あの有名な《ムーン・リバー》のメロディーをどこかで聞いた後、冒頭のティファニーのシーンや階段でギターを弾きながら歌うオードリーの可憐な姿を思い浮かべるほうが圧倒的に多いと思う。これはあくまで個人的な推察だが、脳に音楽のほうが先に届いているために起こる現象ではないか。もちろんこのことでは、音楽を感じ取るのが脳の古い部分、まだ動物だったときからある脳で感じ取ることも大きいと思われる。つまり前頭葉を経由して脳に入ってくる視覚よりインパクトが強いのではないか。

いつも気になることがある。テレビやDVDでクラシックのコンサートを観るとき、特に速いテンポのときなど指揮者の打点とオーケストラの音の出るタイミングが微妙に違うのだ。「まだ点に行き着いてない。そこで音は出ないよ」といつも変な感じがするのは音が早く出すぎているためだ。現場では音声と映像がタイムコードでしっかりシンクロしているはずだが、結果として音が早く感じる。そんなに多くはないが、僕もコンサートのDVDを作るとき、このことが気になってすべてのシーンのタイミングを合わせるために何度も徹夜したことがある。

また普通に映画を観ているときでもセリフと映像のタイミング（リップシンク）のズレがとても気になる。このことも視覚と聴覚のズレが関係しているのだろうか？　もっとも音声を録《と》る機材と映像を撮る機材の（特にケーブル）問題やそれを家庭で再生するときの装置の問題でズレる場合もある。ブラウン管より液晶のほうが圧倒的に映像は遅れる。僕の家の4Kテレビでは……これは気にならない。何故なら見ている番組のほとんどがアメリカのテレビドラマだから、字幕を見るのに忙しくリップシンクにまで眼がいかない（笑）。まあ普通は気にしないだろうな、こんなこと。

本来生き物は生存のために視覚か聴覚のどちらかが発達するようにできている。そうでないと食べるための狩猟、あるいは危機からの回避で、耳と眼からの情報に違いが出たらどう動いていいかわからなくなってしまう。そのため何世紀、あるいはもっと長い時間をかけて生き物は環境に合わせて進化してきた。コウモリやクジラは音だけというように。

人間だって同じで環境によって変わっていく。前にアフリカのケニアでゴルフをしたことがある。イギリス風の格調あるクラブだったが、キャディーさんがマサイ族の青年であった。背が高く、もちろん民族衣装ではなく白いシャツに黒ズボンというトラッドな服装だったのだが、僕があらぬ方向に打ち込んでも（当然ファ～と叫んでいる）、そのマサイ族の青年は真っ直ぐボールの方向に歩いていき、まったく探さず深いラフの中からボールを摘《つ》むのである。その日かなりの数を左右のラフに打ち込んだが、ボールは池ポチャ以外、なくならなかった、たぶん。やはり眼がいいんだろうか？　それはそうだよね、サバンナの平原で豹《ひょう》やライオンと隣り合わせで生活してきた民族なのだから、生きるために何よりも数キロ先のものが動くのがわかるくらいの視覚、そしてものが動く気配を感じる聴覚が格段に優れているのだろう。

話がそれたが、「スリランカの地震（２００４年）のとき、津波がまだ来ていないうちからゾウが一斉に内陸へ逃げた。耳が『危ないよ』と知らせているんです。それを見て人間も一緒に逃げればいいんだけど、ぐずぐずしてしまう。津波を眼で確認してからあわてて逃げようとしたって、そりゃあ間に合いません」と養老先生はおっしゃった。『耳で考える』は２００９年に上梓《じょうし》したのだが、その後日本を襲った悲劇に世界で起こった出来事の教訓はまったく活かされなかった。

音楽は時間軸と空間軸の上に作られた建築物？

目から入る情報と耳から入る情報がズレているならば、我々人間はどちらを信じていいかわからなくなる。耳は危険を知らせているのに、目は大丈夫だと脳に知らせる。特に最近は「百聞は一見に如《し》かず」というように、視覚重視の風潮が強いからなおさらだ。では人間はその異なった情報をどう自分の中で処理しているのか？

養老孟司先生が言うには「人間は脳が進化して意識が生まれた。動物の脳みそは小さいが、人間の脳みそは大きくなって目にも耳にも直属しない分野『連合野[※3]』ができた」……なるほど、目と耳から違う情報が入ってきても、どちらも同じ自分だよ、と言い聞かせる機能が必要になったというわけだ。それで「目からの情報と耳からの情報、二つの異質な感覚を連合させたところにつくられたのが『言葉』。人間は『言葉』を持つことで、世界を『同じ』にしてしまえたんです」。

いやー、『耳で考える』で対談したときより少しは頭が良くなったと思っている僕でも、今読み返すとブラームスの交響曲第1番第4楽章の雲間から光がさし込むようなホルン、あるいは暗闇に走る稲妻のごとき衝撃的かつ啓示的な言葉だ。

言葉は目で見ても耳で聞いても同じである。だがそれを結合させるためにはある要素が必要になる、と養老先生はおっしゃる。もう少し引用するのをお許し願いたい。

「視覚にないものは何か、それは『時間』です。写真を撮ってもそこに時間は映らない。絵にも時間は描けない。目にとって、時間は前提にならないんです。その代わり、空間が前提になる。一方、聴覚にないものは何か、『空間』です」と言い切っておられる。そして聴覚にないものの「空間」について、デカルト座標[※4]は視覚、聴覚は極座標[※5]で距離と角度しかなく、どのくらい遠くから聴こえるかと、どっちから聴こえるか、それだけです、と補足している。

その上で「目が耳を理解するためには、『時間』という概念を得る必要があり、耳が目を理解するためには、『空間』という概念をつくらなきゃいけない。それで『時空』が言葉の基本になった。言葉というのはそうやって生まれてきたんです」

さあ、いよいよ出ました「時空」という言葉！

「音楽は時間軸と空間軸の上に作られた建築物である――久石 譲」なんてね。

音楽の3要素、すなわちメロディー、リズム、ハーモニーは時間軸と空間軸の座標上の建築物であり、その中のハーモニーは空間的表現であると解釈されている。と続けたいがその前に「時空」という言葉をウィキペディアで調べると「時間と空間を合わせて表現する物理学の用語、または、時間と空間を同列に扱う概念のことである」……？

「かつてニュートンは時間と空間とは絶対的なものであるとした。空間は物理現象が起きる入れ物であり、時間は宇宙のどこでも一様に刻まれるもの、と考えた。しかしアインシュタインは相対性理論を構築し……」。頭が痛くなってきた。まあブラックホールなどでは時間の経過も遅くなり絶対的なものではないということだが、それほど「時空」という言葉は哲学者や科学者、それにアーティスト（この言葉、最近軽い）が探求する究極のテーマなのである。

要約すると、人間は視覚と聴覚から入る情報にズレがあり、それを補うために言葉を発明し、その言葉の前提は時空にある、ということだ。そしてその時空は音楽の絶対的基本概念でもあるわけだ。

ずいぶん難しい話になってしまったが、先ほど目は空間、耳は時間と書いたが、このことについてはもう少し考えたい。

時間が絡むと、そこには論理的な構造が成立する。つまり言葉は「あ」だけでは意味がなく「あした」とか「あなた」などと続いて初めて意味を持つ。その場合、どうしても「あした」と読むために時間経過が必要である。このように時間軸上の前後で関係性が決まるものは論理的構造を持つ。音楽でも「ド」だけでは意味がなく「ドレミ」とか「ドミソ」などと続けて初めて意味を持つ。だからこれも論理性が成立する。

一方、絵画は論理的構造を持たない。絵を観るのに時間がかかったというのは本人の問題であって、表現自体に時間的経過は必要ない。よって絵画は論理的構造を持たない。「百聞は一見に如かず」。見えちゃうんだからしょうがないだろうということは、やはり論理性は感じられない。断っておくが絵が単純だと言っているわけではない。だからこそ論理を超えた体感というか何かを感じるわけだ。

多くの人たちは音楽を情緒的、あるいは情動的なものと捉えているが、実は大変論理的な構造を持ち、それこそが音楽的ということなのである。

絵画に描かれた時間と音楽における空間表現

このところコンサートが続いている。8月のWDO（ワールド・ドリーム・オーケストラ）の後、9月の初めに京都市交響楽団とチャイコフスキーの交響曲第6番《悲愴》や僕の《シンフォニア》を演奏し、北九州で久しぶりにピアノをたくさん弾いた小さなコンサートを行い、月末には「ミュージック・フューチャーVol．1」で自作を含め、現代の音楽を指揮し、ピアノを弾いた。

《悲愴》は第4楽章が終わった後、ずいぶん長い間拍手が来なかった。指揮の手を下ろしてもシーンとしていて、困って客席に向かってお辞儀をしたらようやく拍手が来た。まずかったのかなと思ったら逆で、関係者の話によると聴衆は浸っていて感動していたのだという。オーケストラのメンバーも満面の笑みで拍手を僕に贈ってくれたのでやっと安心した。ちなみに京都滞在4日間のうち3日間は同じ和風キュイジーヌの店で食事した。いろいろ試すより最初に行っておいしかったら通い通したほうがいい。時間の節約にもなるし。

チャイコフスキーの複雑な感情のうねりにどっぷり浸った京都の後、東京に戻ってからヘンリク・グレツキやニコ・ミューリーの譜面と格闘する日々が続いた。パート練習を含め、たくさんのリハーサルをこなした。室内楽が中心で、1管編成[※6]約15人（弦はカルテット）が一番大きい編成だった。この編成は面白い。オーケストラと違い、1楽器に1人だからそれぞれの音がよく聞こえる上に、リズムや音程のズレもよくわかる。オーケストラでももちろんわかるのだが、よりシビアに聞こえるため、たくさんの練習が必要になるわけだ。自作も、《弦楽四重奏曲第1番》とマリンバ2台を中心とした《Shaking Anxiety and Dreamy Globe》を初演した。ただ、実際の作曲は2~3年前に書いたもので、それを今回大幅に書き直したわけだが、個人的には新作ではないから、こんなに忙しいのにどこかサボったような心底喜べないところもある。作曲家の性《さが》か。

また昨日は今週末にある長野のコンサートのリハーサルで、ベートーヴェンの交響曲第3番《英雄》と自作の《螺旋》などを新日本フィルハーモニー交響楽団と練習した。が、あいにくの台風で時間が短縮され、《英雄》にあまり時間をかけられなかった。こういうオーケストラにとって定番の曲は、通常の落ち着きやすいところに自然に行ってしまうので、自分がやりたい音楽をしようとするには僕自身の技量の問題もあるからたくさんの練習がほしいのだが、現実はなかなか厳しい。台風のような不可抗力もあるし。次のリハーサルでできるところまで頑張ろうと決心するのだが、いずれにせよ作曲がお留守になっていることだけは確かだ。つまりコンサートが多いということは、その間分厚い交響曲のスコアを勉強するわけで、明けても暮れても睨《にら》めっこし、頭の中でその音を鳴らしているから自作の構想などはまったく浮かんでこない。お仕事っぽいものはまだこなせるが、やはり両立させることは難しい。そんなじりじりした焦りにも似た気持ちの中でこの原稿を書いている、やれやれ。

本題に戻ろう。物理的な意味で視覚には時間がなく、聴覚には空間がないわけだが、芸術の世界ではそれが逆に表現する重要な要素になることもある。

画家は自らのキャンバスに本来ない時間の流れを描こうとするし、作曲家は大きな空間的広がりをオーケストラなどで表現しようとする。フェルメール[※7]の「牛乳を注ぐ女」でのミルクの滴りは明らかに時間の経過を表していると僕には思えるし、他の多くの人物画も（大概が自分のアトリエで制作されている）、構図も重要だが、左側の窓から射す陽の光が時間を表現しているように思われる。もちろん切り取られたある瞬間としての時間ではあるが、そこには前から続いている時間があり、これからも続いていくであろう時間の流れが感じ取られる。

他方、音楽ではリヒャルト・シュトラウスの《アルプス交響曲》のように、そのままアルプスの自然を音楽で描写している曲がある。刻々と変わる山の様相と（これは時間的経過でもある）雄大な風景（空間）を表している。まあそれが空間的表現か？　と問われればちょっと通俗的な感じは否めないが、もともとニーチェの本に触発されて書いた部分もあるわけで、オーケストラでは度々演奏されるレパートリーになっている。他にはマーラーの交響曲第1番の第1楽章なども、ある種の空間描写として捉えることができるし、ベートーヴェンの交響曲第6番《田園》にもそれは言える。なんだか自然描写が多いのだが、ロマン派の作品に関しては文学的表現とも取れるので、一概に空間表現とは言い切れない。ただオーケストレーションの基本は音の立体的構築であって、本来持っていない空間性を、どうすればそのように感じ取ってもらえるかに多くの作曲家は腐心する。

このように本来持っていないものを表現する行為もまた想像（創造）なのである。

昨日の自分と今日の自分は同じか？

昨日の自分と今日の自分は同じである。誰でもそう思っているから考えるまでもない事柄なのだが、よく考えるとお腹が痛かったり、二日酔いで頭が痛かったり、目が腫《は》れていたりして、明らかに昨日の自分とは違っている。それでも同じと認識する自己同一性は、脳がそう認識するように命令しているからだ。そうでなければ意識活動は成立しない。

このことについて養老孟司先生は『唯脳論』で「意識的活動は脳の産物だ」と書き、内田樹《たつる》氏[※8]は「意識活動のズレというか、存在と認識の不適合というか、世界と脳の不整合に知性の起源があるのではないか」と問い、「違うものを同じものだと同定する機能を主体性」だという。その主体性というのは「違うものを同じものだと勘違いする能力」とも書いている。

実はこの意識のズレも視覚と聴覚から入る情報のズレから生じているのである。そのズレを埋めるために人間は言葉を持ち、時空という概念を発生させたことは前に書いた。

またまた難しい話になってしまったが、何が言いたいかというと、自分という存在が確かなものなのか、なぜ自分が自分と言えるかを考えているからだ。他者と自分を空間的に考えると確かに自分はいる、目の前の人とは違うわけだから。では、時間軸上で考えた場合はどうか？昨日の自分と今日の自分は時系列的には別の場所にいるわけだからやはり同じではないということになる。

カフカの『変身』[※9]という小説がある。ある朝起きてみたら自分がゴキブリだか毒虫になっていたという話なのだが、当然自分は自分であるはずのものが別のものになっていたわけだから、信じ切っていた自己同一性が崩れるわけだ。だが意識だけは同じ、人間だったときも虫になっても私は私である。やがて身体の虫化は進み、家族も気味悪がって本人も天井を這っていたりする。シュールな話だが、昨日の自分と今日の自分は同じであるという自己同一性に対しての問いかけ、あるいは問題提起と考えれば、これほど衝撃的で、深い哲学的問題を含んだ作品はない。もちろんこれは僕の勝手な見方であって、カフカがそう思って作ったかどうかはわからない。

また主体性という言葉は「自分の意志・判断によって、みずから責任をもって行動する態度や性質」と辞書には載っているが、内田氏は「違うものを同じものだと同定する機能」でもあるという。つまり「寝る前の私」と「起きた私」は明らかに別人なのに、同一人物であるとするのはこの主体性なのだ。そして人はこの主体性を「自分」と称し「自分の個性」と言っている。

近頃この「自分」やら「自分の個性」という言葉が巷《ちまた》に溢れている。特に若いスポーツ選手が好んでこれを使う。記者の質問に対して「自分のサッカーが」「自分のゴルフが」「自分のテニスが」できれば明日の試合に勝つと。二十歳やそこらで自分の○○ができればと言えるほど君たちのいる世界は底が浅いのかとちょっと言いたくなる。またそう言えてしまえる彼らはどういう教育を受けてきたのか？　とも思う。これは「自分はまだ何もわからないが、練習してきたことを精一杯出し切って頑張る」が正しい。日本語教育が間違っているのか？　ちなみに僕はこの歳になるまで「自分の音楽」などと言ったことがない。そんなことが言えるほど自信もない。軽々しく彼らが使う「自分」とは、「自分の個性」を尊重するということで野放しにしてきたゆとり教育の弊害なのか、それとも犠牲者なのか？　いやいや彼らを責めても仕方がない、問題は彼らの周りの大人にあるのだから。

話が脱線した。もう一度昨日の自分と今日の自分について考える。

僕の場合は同じではないという認識で行動する。例えば毎朝起きたらまずピアノを弾く。目的は二つ。この起き上がりの意識がまだボーッとした状態は、コンサートで弾くときのさまざまなマイナス要因（緊張したり体調が悪かったり）を抱えた状態と同じと考えるから、その状態できちんと弾けたら、コンサートでほとんど問題は起きない。二つ目はいつもと同じテンポで弾いているかどうかの確認だ。これはクリック音に合わせて弾くのだが、同じテンポなのに日によって速く感じる自分と、遅く感じる自分がいる。遅く感じる場合は明らかに速く弾きたいからそう思うのであり、主に寝不足のときや精神状態が良くない場合が多い。速く感じる場合はその曲が身体に入っていないか、まだ身体が眠っているのか（笑）。いずれにせよ昨日と今日の自分は違うのである。

最後に「祇園精舎の鐘の声、諸行無常の響あり」という有名な『平家物語』の一節について考える。別に鐘の音は20年前でも今でも多少錆《さ》びついて違っているかもしれないが基本的には変わっていない。それが諸行無常に響くと感じるのは、聞いている人間が間違いなく変わっているからだ。万物流転、人は変わっていく。

音楽を構成する3要素を座標軸で考えると

新しい年を迎えた。1月4日にピアノ曲を作曲し、翌日の5日に録音した。曲名は《祈りのうた》で、僕自身初のホーリー・ミニマリズムのようなシンプルな三和音を使った楽曲になった。

さっそく宮崎駿さんのもとに届けた。これは恒例化した新春の儀式のようなもので、ジブリ美術館で流れる音楽を作曲して以来、毎年ではないけれど、なんとか作っては届けている。去年サボったら年間通して作曲の調子が悪かったので、今年はなんとしても作るという決意を持って臨んだので、正月も緊張したまま過ごしたせいか疲れが残っている。

まあ考えてみたら、12月31日に大阪でジルベスターコンサートを行ったこともあり、まったく休んではいない。おまけに2日目のリハーサル（30日）の後、風邪が悪化して熱も出て救急病院に行ったりで体調も悪かったのだから仕方がない。このときは《Winter Garden》という22分くらいのヴァイオリンとオーケストラの曲の改訂初演を行った。関西フィルハーモニー管弦楽団のコンサートマスター岩谷祐之《いわたにすけゆき》さんの素晴らしい力演もあって成功した。その第1楽章は8分の15拍子という変拍子で2・2・3・2・3・3と分けてリズムを取るというまことに厄介な曲で、かなり肉体的練習をしないと体に入らないので苦労した。〝久石さん〟の曲はどれも面倒な曲ばかりなので指揮者としてはできるだけ演奏をしないで済ませたい。

そう思ったせいか、深秋から暮れにかけて書いたウィンド・オーケストラのための《Single Track Music 1》は、長年の知り合いである作曲家の北爪《きたづめ》道夫[※10]氏が振り、次いで書いた女声三部合唱のための《かぐや姫の物語》は東京混声合唱団の指揮者山田茂氏にお願いした。両方ともレコーディングだったので僕はディレクションに専念できて良かったのだが、実は肩の調子が凄く悪くて手が上がらない状態だったこともある。その状態で暮れに先ほどの変拍子を振り続けなければならなかったのは（しかもテンポが速い）、かなり酷だった。だが、人間やればできる！　風邪薬を飲んで14〜15時間寝たらすっきり、頭もはっきりで、こんなに音楽がクリアに見えたことがないほど調子が良かった。人間やはり寝て休むことが大切だと思い知ったのだが、きっと長くは続かない、たぶん。

ついでに言うと、救急病院に行くほど風邪がひどかったのでタバコも吸えなかった。翌日、本番が終わり1本吸ったがおいしくなくそれでお終《しま》い。1月1日も1本だけ、このまま止められるかな、と思ったら2日は3本、3日は6本、作曲に集中した4日には10本を超え、5日のレコーディングでは、ほぼいつもの状態に戻ってしまった、やれやれ。

去年の正月はこの原稿などで文章ばかり書いていた気がする。それはそれで言葉に置き換えることによって、頭の中を整理することができてよかったのだが、作曲家はやはり音符を書かないと話にならない。今年は依頼された楽曲も多いので気を引き締めてとにかくたくさん書こうと思っている。

やっと本題。視覚と聴覚について書いてきたのだが、そろそろ締めくくろう。視覚と聴覚から入る情報のズレを埋めるために人は言葉を持ち、時空という概念を手に入れた。この時空という概念はそのまま音楽の概念でもある。

音楽を構成する要素は小学校で習ったとおり、メロディー（旋律）、ハーモニー（和音）、リズムの3要素だ。座標軸で考えるととてもわかりやすいのだが、横のラインが時間軸、縦のラインが空間軸となる。リズムというのは刻んでいくので時間の上で成り立ち、ハーモニーは響きなのでそれぞれの瞬間を輪切りで捉える、いわば空間把握だ。そしてメロディーはと言えば、時間軸と空間軸の中で作られたものの記憶装置である。時間軸上の産物であるリズムと空間の産物であるハーモニー、それを一致させるための認識経路として、メロディーという記憶装置があるわけだ。そしてこれはあらゆる音楽に適合する。例えばあの難解な現代音楽にも当てはまる。不協和音や特殊奏法も響きとしての空間処理であるし、十何連音符のような細かいパッセージも、聴き取りやすいリズムではないが時間軸上でのことであるし、覚えやすいメロディーではないとしても基本の音形やなにがしかの手がかりがあるし、セリーなどでもやはり時間と空間軸の上での記憶装置にはなっている（もちろんわかりにくいが）。そして多くの現代音楽が脳化社会のように込み入ってしまって、本来メロディーが持つ説得力やリズムの力強さ、心に染み入るハーモニーなどを捨て去ったために、力を失ったことは歴史が証明している。今こそ音楽の原点を見直し、多くの人たちに聴いてもらえる「現代の音楽」を必要とする時がきたのである。

〈註〉

1 ニコ・ミューリー：1981～。アメリカの作曲家・ピアニスト。シンガーソングライターのビヨークら、さまざまなジャンルのミュージシャンともコラボレーションしている。

2 オードリー・ヘップバーン：1929～93。イギリス生まれのアメリカの女優。『ローマの休日』『ティファニーで朝食を』で世界的に知られる。

3 連合野：大脳皮質のうち、感覚野・運動野を除く領域で、人間の脳の広い部分を占め高度な機能を統合する。

4 デカルト座標：直交座標ともいい、二つの座標軸が互いに直交するもの。

5 極座標：平面上に1点Oと半直線OXを定め、任意の点PをOからの距離と、OXとOPとの角度で表す座標。

6 1管編成：オーケストラの編成のうち、管楽器が各パート一人のもの。

7 フェルメール：1632～75。オランダの画家。光源とその反射光の表現技法から「光の画家」と讃えられる。「真珠の耳飾りの少女」など現存作品は30数点のみ。

8 内田樹：1950～。思想家、武道家。専門のフランス現代思想のほか、教育論、社会論、文化論、武道論など広範囲にわたる研究、執筆。『私家版・ユダヤ文化論』ほか著書多数。

9 カフカ：1883～1924。チェコ出身の作家。代表作に『変身』『審判』『城』などがある。

10 北爪道夫：1948～。作曲家。主な作品に《サイド・バイ・サイド》《映照》《地の風景》など。

Ⅳ 考える

イスラエル・フィルを聴いて思ったこと

先日ズービン・メータ[※1]指揮、イスラエル・フィルを聴きに行った。日曜日の午後、穏やかな日だった。僕自身は作曲の進行がはかばかしくなくて、とても人の演奏など聴く気になれなかったのだが、高いチケットを無駄にしたくないし、気分転換も兼ねてサントリーホールに出かけた。

曲目はヴィヴァルディ《4つのヴァイオリンのための協奏曲》、モーツァルト交響曲第36番ハ長調《リンツ》、チャイコフスキー「交響曲第5番ホ短調」だった。見ての通り大変クラシカルなプログラムで気乗りがしなかった原因もここにある。

さてヴィヴァルディは全員立奏でこれはオープニングとして華やかだったし、寛いだ雰囲気も醸し出していて良かった。続いてのモーツァルトはテンポは遅いが、ヨーロッパの伝統そのものと言いたくなるほど王道を行く演奏だった。モーツァルトは難しい。誰が演奏してもそこそこの音はするが様になることは滅多にない。特に日本のオーケストラでは味気ない演奏に何度か出くわした。

イスラエルは、中東のパレスチナに位置していて、第二次世界大戦後の1948年に建国されたユダヤ人中心の国家だ。その国のオーケストラ（1936年にパレスチナ管弦楽団として創立された）がなんでこのようなヨーロッパの王道を行く演奏をするのか？　そんな疑問を持ちながら休憩後のチャイコフスキーを聴いた。この第5番は僕が指揮者として初めて振ったシンフォニーでもある。だから思い入れもあるし、自分の解釈にこだわっている楽曲でもある。ズービン・メータの指揮は手堅く、オーケストラに自由度を与えながらも締めるところは締め、見事なアンサンブルを引き出した。逆に全体がよく見えるような演奏だったために楽曲の持つ基本的な問題、あるいは作曲者がたぶん最後まで迷った、あるいはやりきれなかったことをあぶり出していた。このことに触れると長くなるが、冒頭にクラリネットで演奏されるホ短調の「循環テーマ」あるいは「運命のテーマ」とも言われている主題（これが何度も出てくる）をどう扱うかで成否が決まると言っていい。特に第4楽章の冒頭に同じテーマが、今度はホ長調で出てくるのだが、多くの演奏では、まるで凱旋《がいせん》するように晴れがましく堂々と演奏してしまう。だがスコアをよく見ると、第1楽章の冒頭のテーマが弦に変わったのと、若干楽器が増えたりはするが、伴奏などの音の構成、配置は一緒なのだ。マイナー（短調）がメジャー（長調）に変わっただけ、だからここは我慢してやや晴れがましい程度にしておきたい。確かにスコアにはmaestoso（荘厳に）とは書いてあるがまだ辛抱、徐々に盛り上げ、次に登場する第1主題を際立たせる、逆に言うと、そうしないと第4楽章の第1主題が際立たない。おそらくチャイコフスキーが最も悩んだ点であり、初演後も本人が納得しないで悩み続けたのはこの「循環テーマ」の使用と各楽章の主題との整合性だったのではないかと僕は考えている。

ともあれズービン・メータ、イスラエル・フィルはその飾りのない演奏（でも遅くて好みではないが）ゆえにこの楽曲の構造を詳《つまび》らかにしてしまった。ちなみにズービン・メータはユダヤ人ではないが、大の親ユダヤ派である。実は密かにチャイコフスキーはユダヤ人ではないか？　と考えていた。なぜかと言うと、あの色濃いメランコリック（でもさめた目線ではないが）はユダヤ人共通のものだから。が、これは全く違っていた。

ユダヤ人の音楽家は多い。作曲家だけでもメンデルスゾーン、グスタフ・マーラー、アルノルト・シェーンベルク、ダリウス・ミヨー[※2]、アルフレート・シュニトケ[※3]、ジョージ・ガーシュウィン[※4]、スティーヴ・ライヒ[※5]、レナード・バーンスタインなど、まだ書き切れないが古典派から現代まで連なっている。演奏家ではアルトゥール・ルービンシュタイン[※6]、ヴラディーミル・ホロヴィッツ[※7]、ヴラディーミル・アシュケナージ[※8]、ダニエル・バレンボイム[※9]、ユーディ・メニューイン[※10]、イツァーク・パールマン[※11]、ギドン・クレーメル[※12]……、いやー、これではクラシックの歴史や今日の音楽界の中枢はほとんどユダヤ人ではないか。少なくともユダヤ人を除いてはクラシックを語ることができない。

なるほど、地理的にはヨーロッパの中心ではないイスラエル・フィルだが、ユダヤ人という観点から見ると、まさしくこのオーケストラはクラシック音楽の中心であり、歴史を作ってきたのは彼らの数世代前の人たちなのだから、彼らが直系なのである。王道の演奏は当然だった。ちなみに、このオーケストラの団員が全員ユダヤ人ではないであろうし、イスラエルという国も人口比で20％がアラブ人ではある。

ではユダヤ人の画家はどうか？　マルク・シャガール[※13]しか思い浮かばない。他にもいるとは思うけれど、僕の知っている範囲では彼だけだ。このバランスの悪さ、星の数ほどいる音楽家とほとんどいない画家の差は一体どこからきているのだろうか？

実はここにも視覚と聴覚の問題が絡んでいる。いよいよ本題である。

「ユダヤ人」と芸術表現をめぐって

前に「視覚と聴覚のズレを埋めるために、人は時空という概念を発生させた」という養老孟司先生の言葉を引用したが、「この視覚と聴覚のズレの問題こそ、ユダヤ教思想の核心なのだ」と内田樹氏は語り、自身の著『私家版・ユダヤ文化論』でさらに詳しく書いている。この本は何度も読み返したのだが（つまりそれほど難しいとも言えるが）、まさに眼からうろこ、ユダヤ人を考えることは日本人、あるいは日本という国を考えるときの一つの「ものさし」になるのではないかと思う。このことはまた後で触れるが、とにかく前に書いたように多くの音楽家を輩出しているのだから、クラシック音楽を考える上でも有意義なはずだ。

周知のこととして、ユダヤ教では偶像を作ることが禁じられている。偶像というのは空間的な表象なので、ここでは絶対的な禁忌とされるのだが、他方、時間というのはユダヤ教の宗教性の本質とされている。つまり時間的に神が先行していて人間は遅れてやってきた。この時間差が神の神聖性の重要なところで、「神を見てはならない」と言われる所以《ゆえん》でもある。だから視覚的な神像を持つと、同一空間に同時的に存在することになるから禁止なのである。

このように造形芸術が原理的に禁圧されているから、「いきおい信仰の表現が音楽に向かった」と内田氏は述べている。

だが、空間的なものに対しての人間の欲求は強い。世界を見たい、経験したいという視覚的な確認は心を安心させるし、「百聞は一見に如かず」のとおり、強いインパクトを持つ。このためユダヤ教徒には強いストレスがあったと推察される。

彼らには伝統的に音楽や舞踏のような時間性を含んだ芸術表現は許されている。だからシャガールの絵がユダヤ人世界で許容され得たのは、その表現に時間性があるからではないか？　フェルメールのように、と僕は考える。シャガールの絵には音、あるいは音楽が流れている。

また映画や演劇、ダンスは視覚芸術なのだが、時間性があるから許容されている。20世紀になって映画産業が急速に成長したとき、雪崩《なだれ》を打って参入したのはユダヤ人たちだった。おそらく伝統的な産業には人種的な壁があり、新規に立ち上がった映画産業が積年の（ユダヤ教としての）欲求不満を含めて解消してくれたのではないか。ハリウッドのメジャー8社のうち7社までがユダヤ人が作った会社なのはその表れである。

次に「ユダヤ人」とは誰なのかを考えてみる。第1にユダヤ人というのは国民名ではない。ユダヤ人は単一の国民国家の構成員ではない。第2にユダヤ人は特定の人種ではない。ロシア系、ドイツ系、フランス系など世界のあらゆる人種に混じっていて特定できない。第3にユダヤ人はユダヤ教徒のことではない。キリスト教徒のユダヤ人は欧米ではかなり存在する。それではユダヤ人とは誰なのか？　何をもってユダヤ人とするのか？　さらに内田氏は「ユダヤ人」の定義について疑問を呈し、「『ユダヤ人』というのは日本語の既存の語彙《ごい》には対応するものが存在しない概念である」とし、「この概念を理解するためには、私たち自身を骨がらみにしている民族誌的偏見を部分的に解除することが必要である」と説く。

つまり日本人の常識では「『国民』というのは、原理的には、地理的に集住し、単一の政治単位に帰属し、同一言語を用い、伝統的文化を共有する成員のこと」であって、「外国に定住する日本人、日本国籍を持たない日本人、日本語を理解せず日本の伝統文化に愛着を示さない日本人、そのようなものを私たちは『日本人、日本のフルメンバー』にカウントする習慣を持たない。それは私たちにとっての『自明』である」と。だが、この考え方をユダヤ人に当てはめると「自明」ではなくなる。

ユダヤ人というのは国民でもなく、人種でもなく、ユダヤ教徒のことでもない。このあと、内田氏はかなり抽象的な、あるいは哲学的な命題として「ユダヤ人とは誰か」について書いているのだが、中途半端な引用は、かえって誤解を招く恐れがあるので、興味のある人は前述の本を読んでいただきたい。

我々日本人は、できるだけ人種や宗教の話を避けているように思う。いや、興味がないともとれる。それは一億総親戚のような国民なのだから、隣の人と肌の色も違い、生活習慣や考え方も違うなかでどう折り合っていくか、を考えなくても済んでいたわけだから、ある意味当然だと言える。つまり平和な国なのである。「言わずもがな、わかるだろう」的な日本人特有の感性が、この風土で生まれたわけだ。しかしユダヤ人は各国に散らばり、各人種と混じりながらホロコーストなど2000年にわたる迫害のなかで生き延びた。そしてノーベル賞受賞者の20%は彼らであり、彼らの作った音楽は我々に生きる意味を今でも問うている。僕らはユダヤ人から学ばなければならないことがたくさんある。

音楽の中の「ユダヤ的なもの」について

ミニマル・ミュージックという作曲のスタイルがある。それは僕のベースになる手法だが、正確にはその後に出たポストミニマル、あるいはコンセプチュアル、ホーリー・ミニマリズムなどを経たポストクラシカルといわれるスタイルのほうがより自分には近い。

本来、作曲をカテゴライズすることなど意味のないことなのだが、音楽史的には「古典派[※14]」「ロマン派[※15]」「後期ロマン派[※16]」「無調[※17]」「十二音音楽[※18]」とか「セリー」「トーン・クラスター」など、分類することは便利ではある。現代の多くの作曲家は、自分の感性を主体に音楽を作っていると思うが、自己の中だけで完結してしまいやすいので、世界の作曲の動き（スタイル）の中で自分がどこに位置するかを考えることも重要だと僕は思う。

作曲された作品は最終的に個人のものには属さない。すべては世界の音楽の歴史の中に集約されていく。ベートーヴェンの時代に彼だけがあのような音楽を書いていたのではなく、多くの作曲家が（ベートーヴェンより売れていた人もいた）マクロでは同じようなスタイルを取り、お互い意識しながら切磋《せっさ》琢磨《たくま》していたはずだ。作曲家は意外に気が小さく、ほかの作曲家が書いたものを気にする。当然その時代に生きる作曲家同士影響し合い、方法論として同じスタイルを取ってしまう。それが「時代のスタイル」であり、そのなかで時代を経て生き残ったのがベートーヴェンなのだ。

このように時代を代表するスタイルを無視せず、迎合せず、その時代だけに通用する流行《はやり》ものにとらわれず、その時代の中の永遠のテーマになり得る真実を見据え音楽を作る、それこそが作曲の基本なのである。なんだか作曲のことに触れると力んでしまう（笑）。

正統なミニマル・ミュージックを名乗れる作曲家は四人しかいない。ラ・モンテ・ヤング[※19]、テリー・ライリー[※20]、スティーヴ・ライヒ、そしてフィリップ・グラス[※21]なのだが、この中の半分はユダヤ人とされる。イギリスの著名なミニマリスト、マイケル・ナイマン[※22]（映画『ピアノ・レッスン』で有名）も両親のどちらかがユダヤ系であり、かなりのシンパシー（あるいはユダヤ人かも）を抱いているはずだが、前項に書いたとおりユダヤ人の定義が不明確なのではっきりわからない。

ミニマル・ミュージックの基本は小さなモティーフ（音型）を繰り返しながら、微妙にズラしていく過程を聴く音楽だ。そしてその音型を論理的に構築していく。平たく言えば、ああすればこうなるといった明快な構造が大切だ。

この論理性（実はだからこそ感性は解放され、エモーショナルなものなのだが）はユダヤ人の得意分野だと思う。基礎能力、人間的レヴェルがきっと高いのだろう。

『レナード・バーンスタイン／答えのない質問』というハーヴァード大学での音楽講座のDVDがある。テレビ放映用に作られたものだが、音楽にとどまらず詩、文学や演劇、哲学に至るまでのすべての芸術と科学の知識を駆使しながら音楽史を読み解いていく、優れたレクチャー番組だった。タイトルの『答えのない質問』はチャールズ・アイヴズ[※23]の作品名から取ったもので、僕も指揮したことがあるが、1908年にこのような前衛的な作品を書いたアイヴズはもっと評価されるべきだし、このタイトルを番組名にしたバーンスタインのセンスの良さも窺《うかが》える。彼もユダヤ人だ。

作曲家としてのバーンスタインには二つの側面がある。一つはミュージカル《ウエスト・サイド・ストーリー》に代表されるようなエンターテインメント性、もう一つは交響曲第1番《エレミア》、交響曲第3番《カディッシュ》など、ユダヤ教の影響を受けた宗教的作品だ。交響曲のほうは随分前に聴いた程度で、論じるほどの知識はない。

彼の作品はあまりスタイルにこだわらず、ジャズ的であったりクラシック的であったりでいろいろな手法が混在する。別の言い方をするとそれほど論理的ではない。先ほどミニマル・ミュージックについて書いたときにユダヤ人は論理的と言ったのとは真逆になってしまうのだが、これは単なる個人差（個体差）なのか？　いや物事は相対的なものであって、一つの側面しか持たないということはない。エンターテインメント性、芸術性、宗教的なものが混在し、その上でも書かなければならなかった思い（こう書くとなんだか軽いが）が優先したのだろう。それは作曲家として、あるいはユダヤ人としての宿命なのかもしれない。実はもう一人偉大なユダヤ人の作曲家がいる。グスタフ・マーラーだ。

彼の音楽もとりとめがなく、構成的に弱いと指摘されるのだが、意外に伝統的な交響曲の基本であるソナタ形式を踏まえて作っている。だが、全体を覆っているある種の感情、難しい言い方だが、「永遠の憂情」のようなものが、形式や構成を飛び越えて我々の耳に飛び込んでくる。それが「ユダヤ的なもの」なのか？　次項に続く。

マーラー作品の中の「永遠の憂情」

マーラーの交響曲第5番を指揮したのは数年前に遡る。全5楽章、70分くらい演奏にかかる大作なので、スコア（総譜）は辞書並みの厚さだ。これを覚えるのか、と思うと随分プレッシャーがかかり、日々の作曲を終えて家に帰り、毎晩明け方まで勉強したことを思い出す。

第1楽章の葬送行進曲と第2楽章はとても関連性があり、この二つを一つに括ると通常の4楽章形式とも取れる。また第4楽章のアダージェットは映画『ベニスに死す』に使われ、甘美なメロディーと相まってとても人気があり、僕もこの曲だけ単独で何度も演奏したことがある。

初演の1年後に出版したがその後も4〜5年かけて妻のアルマや後輩のブルーノ・ワルター[※24]の意見を取り入れ補筆あるいは加筆している。この出版ということが現代ではピンとこないかもしれないので説明すると、20世紀初頭ではまだテレビやCD（レコードを含む）、DVDがなかったので、音楽を聴くためにはコンサート、サロン、オペラハウス、街角の辻芸人の演奏、ビアホールなどに出向くしかなかった。作曲家はそれらの場所の初演を目指し曲を書くのだが、その1回限りではなく、やはり多くの人にその曲の存在を知ってもらいたいと思う。

その場合が、出版なのである。まだ交通の便も悪く、今日のように情報が溢れているわけでもないので、多くの音楽家や愛好家たちは譜面を買い求め、楽器で演奏し、歌ってその曲を想像し楽しんだ。なんだかとてもクリエイティヴな感じがするが、今日ではそれが自宅でも聴けるCD、DVDに変わった。もちろん譜面の出版も行われているが、視覚（譜面を見て）から聴覚的情報に変換する作業より、直接聴覚に訴えかけるほうが手っ取り早いので多くの人はCD、DVDを楽しむ。もちろん演奏しようと思う人は譜面を入手する。

とにかく譜面を出版するということは当時の作曲家にとってとても重要なことだった。いや、実は今でもそれは重要なことだと僕は思っている。

話を戻すと、マーラーの本質は歌曲的な旋律にある。その旋律を複数、対位法的[※25]に扱うものだから、どっちが主旋律だかわかりづらい箇所も多い。しかも超一流の指揮者だったからオーケストラを知り抜いているため、トゥッティ（全楽器が鳴っているところ）でも各楽器に音量やニュアンスが細かく書かれている。だからなんだかごちゃごちゃしているように見えるため、頭の中で把握しづらい。

また美しい旋律が朗々と歌ったかと思うと、小さい頃に聞いた軍楽隊のフレーズが現れ、突然オーケストラが咆哮《ほうこう》したりで曲想がコロコロ変わる。そのため楽曲の構成がわかりにくいとされる。中には思いついたことをそのまま書いているだけじゃないか、と毒舌を吐く人もいるのだが、意外に伝統的なソナタ形式を踏まえている。

この時代、つまり後期ロマン派の作曲家はなにがしかワーグナーの楽劇の影響を受け、いつまでも続くようなあの無限旋律[※26]に対する憧れからか、コンサート用の楽曲（交響曲とか）でもブルックナー[※27]やマーラーのように長大な楽曲が多い。もちろんマーラーは大指揮者だったので、ベートーヴェンやブラームスなどよく指揮していたはずだから、そんな構成的なことは充分に知り抜いた上で「時代の表現」としてああいう方法を採った。誤解を恐れずにいうと、「構成よりもほとばしり出る心情」を表現したのかもしれない。

その「ほとばしり出る心情」を僕はちょっと持て余した。作曲家的分析だけではとても理解できない何かがあった。見方を変えて徹底的に旋律を歌わせる方向でそのときは乗り切ったが、腑《ふ》に落ちない部分も多かった。むろんこのような大曲は何度も振ってみないと、およそ表現には至らないのだが、それでも何か大きく引っかかるものがあった。

しばらくして、内田樹氏の『私家版・ユダヤ文化論』や養老孟司先生の著作に触れ、「ユダヤ的なもの」に興味を抱いた。

そのときわかったのである。あのえも言われぬ感情は一作曲家のものではなく、連綿と続くユダヤ人独特の感性なのだと。その「永遠の憂情」のようなものは、崇高な理念とやや下世話な大衆性（エンターテインメント）が同居し、あるいは瞬時に入れ替わって複雑なプリズムを生む。単眼的な視点ではなかなか理解できないのだが、複眼的に彼のバックボーンなども考えあわせると、わかるのではなく、納得する、あるいは腑に落ちるのである。マーラーに多くの指揮者がはまるわけである。この崇高な理念と大衆性はメンデルスゾーンの作曲した楽曲にもあり、バーンスタインにもある。

あのとき、それがわかっていれば。今さら言ってもしょうがないのだが演奏は間違いなく変わっていた。まあ、人生ってこういうものだと思い直し、次回に期す今日このごろである。

映画『卒業』をめぐるあれこれ

映画『卒業』は１９６７年に製作されたアメリカ映画だ。大学を卒業したベンジャミンが帰郷し、人生に迷っているとき、父親のビジネス・パートナーの妻ミセス・ロビンソンから誘惑され、ただならぬ関係が生じる。が、その娘のエレーンと出会い恋に落ちる。やがて母親との関係が発覚してエレーンは怒り夏の終わりに大学に戻る。そして結婚するエレーンを追いかけベンジャミンは教会に……。あの有名なシーンである。

僕はこの映画を高校時代の終わりか大学1年生の時に観た。４～５歳から数年のあいだ、年間３００本の映画を観ていた僕は、その当時はそれほどではないが、それでもかなりの本数を観ていた。

フランスのヌーヴェルヴァーグからフェリーニ[※28]、パゾリーニ[※29]などのイタリア映画を経て、その頃はアメリカン・ニューシネマにはまっていた。『俺たちに明日はない』『イージー・ライダー』『明日に向って撃て！』『真夜中のカーボーイ』『ファイブ・イージー・ピーセス』などの作品は間違いなく自分自身がテーマや主人公に同化していたし、まさに『卒業』もそういう映画の一つだった。音楽はポール・サイモン[※30]とデイヴ・グルーシン[※31]が担当していた。ポール・サイモンはヴォーカル・グループ「サイモンとガーファンクル」のメンバーで、この映画では《サウンド・オブ・サイレンス》《ミセス・ロビンソン》《スカボロー・フェア》など後世に残る名曲が使われた。僕としては主題歌サイモンとガーファンクル、音楽担当がデイヴ・グルーシンとしたいのだが、劇中でかなり歌を使用していたので、この場合の音楽担当は両者ということになる。このこだわりは映画音楽に携わっている僕だけなのかもしれない（笑）。

監督がマイク・ニコルズ[※32]、主人公のベンジャミンをダスティン・ホフマン、エレーン役をキャサリン・ロス、ミセス・ロビンソンをアン・バンクロフトという、今思えば最強の布陣だった。

だが、この青春恋愛映画の傑作も内田樹氏からみれば、まったく別のものになってしまう。「あれはユダヤ人のブルジョア家庭の話なのです。主演のダスティン・ホフマンはユダヤ人だし、監督のマイク・ニコルズもユダヤ人だし、主題歌を歌っているサイモン&ガーファンクルもユダヤ人。あれはユダヤ人の映画なんです」ということになる。

いやー驚いた、確かにこの日本で、僕の知る限りそういう見方をする人はいなかった。内田氏は続けて「アメリカにおけるユダヤ人のあいまいな立場が伏線になっていることは（日本人には）理解できない。そういう人種的な記号を日本人は解読する習慣がありませんから」と強調する。そして極めつけは「ラストシーンはキリスト教の教会からユダヤ人青年が花嫁をさらってゆくわけで、これは宗教的にはかなりきわどいストーリーなのです。そういうニュアンスは日本人の観客にはまず伝わりませんよね」。

同じ映画でも観る人によってまったく感じ方が違う。それは当たり前なのだが、あらゆる人種や宗教が入り交じる海外での見方と、この極東の島国「日本」での捉え方がこうも違うのか？　もちろんこのようなユダヤ的視点で海外の人が全員観ているとは思わないが、少なくとも国内の映画評論その他でこのような意見を、僕は聞くことも見たこともなかった。日本には多様な意見はないのだろうか？

第二次世界大戦の後70年間まったく戦争がなく、平和の中で暮らしてきた我々は、グローバルという言葉を経済用語だと勘違いしている。真のグローバルとは思いっきりドメスティックであり、多様な考えを受け入れるということである。

内田氏の文章を読んで、早速ＤＶＤを買って観た（ただしこれは2年前のことだが）。確かにそう見えなくはない。慣れ親しんだ、あるいは記憶の中で整理されている物事が実は別のものでもあると感じる体験は新鮮だ。ダスティン・ホフマンが若いなあ、などと思っているうちに、ユダヤ人の映画として観るより、段々音楽の入り方が気になってきた。

デイヴ・グルーシンはフュージョン音楽が全盛のころに活躍した作曲家、ピアニスト、アレンジャーでサックスの渡辺貞夫氏[※33]とのコラボレーションでも有名だ。映画音楽では『コンドル』『恋におちて』などで、とてもクリアで無駄のないスコアを書いている。

その彼の音楽は問題ないのだが、とにかく使われている歌の箇所が多すぎる。歌には歌詞があるので、劇中での使用はなるべく避けたほうがいい。なんとなればその歌詞がセリフを食うし、変に安っぽくなる危険もある。もちろんエンドロールは別ではあるが（それも個人的には好まないが）、もう少し効果的にサイモンとガーファンクルの歌を使用してほしかった、つまり使う箇所を少なくするべきだった。これはあくまで僕の考えであって、当時はこのような使用法が斬新だったのだろう。物事は時間が経ってみなければわからない。

音楽の進化――倍音の発見

アントン・ウェーベルン※34は自身の講演で「あらゆる芸術は、それゆえ音楽も、合法則性に基づいている」と述べている。そしてゲーテの『色彩論』を引用しながら「自然科学者が自然の基礎となっている合法則性を見つけようと努めるように、私たちはそのもとで自然が人間という特別な形で生産的であるところの法則を見つけようと努力する」と語っている。そしてここが最も重要なところだが、「音楽は耳の感覚にかんする合法則的な自然である」と結論づける。

例えば音楽はただ作曲家が気に入った音を並べるだけではできない。そんなことなら誰でもできる。5分なら5分の作品として、30分なら30分、1時間なら1時間の大作として聴くに値するなんらかの秩序があり、その秩序が耳の感覚に関する合法則的な自然でなければならないとも受け取れる。

ではその合法則的な自然とは何か?

そのことを僕たちが日頃接する音楽と照らし合わせながら、「音楽の進化」を一緒に考えていこうと思う。

まず音の問題。音とは空気の振動である。もう少し厳密にいうと、空気の圧力の平均(大気圧)より高い部分と低い部分ができて、それが波(音波)として伝わっていく現象である(『音のなんでも小事典』日本音響学会編・講談社ブルーバックス)。まあ太鼓を叩くとそれが振動し、周りの空気も振動し、それが我々に伝わるということだ。

それでその音は一般に楽音《がくおん》、純音、噪音《そうおん》などと区別されるが、音楽で扱うのは主に楽音だ。

それは振動が一定の周期を持つので高さを明瞭に示すことができる。

そして楽音を含め自然界の音はすべて倍音[※35]というものを持っている。それも限りがないくらい。


では実験。今あなたはピアノの前に座っている。ちょうどおへそのあたりにあるドの鍵盤を右手で音が出ないように静かに押さえる。そしてオクターヴ低いドの音を左手で強く弾いて、あるいは叩いてみよう。すると、あら不思議！　強くて低いドの音が消えた後に弾いていない上のドの音がエコーのように聞こえるではないか！　これは下のドの音に含まれている倍音と上のドの音が共鳴したために起こることである。つまり下のドの音には、第2倍音としてのオクターヴ上のドの音、第3倍音のオクターヴと5度上のソなど、限りなくいろいろな音が鳴っているのだ。もちろん上に行くほど音は小さくなり音程の幅も小さくなる。

実は、人類はこの倍音を長い年月をかけながら発見していくのだ。例えば真ん中のドの音を男の人と女の人がユニゾンで歌うと、この段階でもうオクターヴ違うのであり、先ほどの第2倍音の音を歌ったことになる。これは整数比で1対2だ。そして５００年くらいかけて（と言う人もいるが定かではない）人類は第3倍音であるソを発見する（整数比で2対3）。民謡やフォークソングを一般の人が集まってユニゾンで歌うとき、何人か調子が外れて歌うことがある、そのときによく出てくる音程である。音痴ともいえるが、もしかしたら第3倍音？　を歌っているのだから凄いともいえる（笑）。

このように人類は次々に倍音を発見していくのだが、第8倍音あたりまで見ていくと、これはコードネームでいうC7（ド・ミ・ソ・シ♭（フラット））ということになる。だが実際は第7倍音のシ♭はそれよりも低くて、ちょうどラとシ♭の間くらいが本来の倍音音程である。

ここから面白いことが起こる。西洋社会はこれをシ♭と解釈して今日の西洋音楽を築き、例えばアフリカやアジア、日本などはラと捉えてきた。ドミソラ、つまり五音音階の原型である。「ソーミラソーミ、ソーミラソーミ」のフレーズは、アフリカにもアジアにも日本、南米にもある、最もポピュラーなフレーズなのだが、これほど倍音の理にかなっているものはない。このことをもっと知りたい人はレナード・バーンスタインによるハーヴァード大学の講義のDVD（『答えのない質問』）をご覧あれ。

またこのことは純正律[※36]、平均律[※37]の問題も絡んでいるのだが、今回はパス、近々に触れる。なんだか講義のようになってきた（実際に国立《くにたち》音楽大学の作曲科の学生に倍音を元にして作曲をする課題を出したこともある）。

さて、このように人類は倍音を発見してきたのだが、特に重要なのはドとソの5度音程だ（完全5度という）。これはあまりにも響きが共鳴しすぎてかえって硬く聞こえる。が、この完全5度はあらゆる音楽の基本になるのだが、日本では4度が基本だ。これもまたいつか触れるが、ドとソが表の5度だとすると、ドと下の5度、すなわち裏5度のファが発見された段階で、あるいは人類が聞こえた段階で（長い年月がかかったのは言うまでもない）、このトライアングルは鉄板の音楽基礎を作った。それぞれの倍音を総合すると音階の7つの音がすべて含まれている。

この段階まで人類はなんの作為もなく、音楽はウェーベルンの言う合法則的な自然であった。

では、今一度音楽の始まりに立ち返る。

音楽の始まり――古代ギリシャからグレゴリオ聖歌へ

音楽はいつ、どこで始まったのか？　そしてどう進化し続けるのだろうか？　未来の音楽は？　そんなことばかり考えていると何もできなくなるから、とりあえず目先の作曲に専念する。

今書いているのは、２０１５年秋に初演するエレクトリック・ヴァイオリンと室内オーケストラの作品で、約25分の長さの僕にとっては大作なのだが、そのスケッチはできた。これから夏のＷＤＯ（ワールド・ドリーム・オーケストラ。あと1ヶ月半しかないのだが1ヶ月前には譜面を渡したいから実質半月！）の演目の仕上げをして、その後、コントラバス協奏曲のスケッチを書かなければならない。その間に他の仕事もするから、エレクトリック・ヴァイオリンの仕上げは夏の終わりか秋口か……やれやれ。

話を戻して、音楽は人類が始まってからずっと人々の身近にあった。例えば生まれたばかりの赤ん坊が音に関心を示すだけではなく、音楽にも敏感に反応することから、ＤＮＡのどこかに音楽的シナプスが組み込まれているのではないかとさえ思える。つまり音楽は人間にとってあるべき自然なものなのだ。

その音楽の起源はわからない。が、古代の遺跡などから人間との関わりを推察することはできる。例えば歌っている人のレリーフだったり、笛や太鼓、ハープなどの楽器が発見されたり、壁画、あるいは象形文字などで音楽を演奏する記述が残っている。はるか昔、紀元前３５００年ころのメソポタミア、古代エジプトなど、それぞれの時代に彼らがどんな音楽を演奏していたのか？　実際の音は残っていないからわからないのだが、想像するだけで楽しい。

だが、古代ギリシャに関しては、西洋文明の発祥の地でもあり、音楽が盛んだったと言われている。音階やリズム、そして和音まであって音楽が理論化されていたらしい。実際、デルポイにある石碑に、当時の楽曲がギリシャ文字とギリシャの音楽記号で書かれているものが発見されている。またピタゴラスやプラトンなどの哲学者は、宇宙の調和の根本として音楽を研究していた。特にプラトンの音楽に関する考えは、今日の音楽状況に対しても通用する鋭い啓示になっているのだが、これはいつかまとめて書きたい。なぜそこまで知っているか、あるいはこだわるかと言えば、実は映画の監督をすることになったとき、プラトンの考えを題材にするために調べたからである。

その後、西洋音楽は5世紀くらいからキリスト教の布教とともに、教会音楽として発達していった。ユダヤ教などで歌われた歌や各地で歌われてきた信仰の歌をもとにしている聖歌は、教会に集まる人々が神への祈り、信仰を託して歌われ続けた。また6世紀末から7世紀の初頭まで在位したローマ教皇グレゴリウスⅠ世は、各地方の聖歌を集めてそれを統一した。いわゆるグレゴリオ聖歌なのだが、研究家のあいだではもっと後の時代だったという説が有力らしい。このあたりは歴史のミステリーロマン、音楽学者や研究家にとってはもっとも興味深いところなのだろう。

このグレゴリオ聖歌は単旋律（モノフォニー）、つまり一つのメロディーを独唱したり斉唱したりするのだが、前回書いた倍音から導かれた音階は、ここで教会旋法[※38]という形になった。この音階と旋法は混同しがちなのだが、音階は倍音に基づいた音のステップ、あるいは階段で、旋法は中心音などそれぞれ役割を持った音の順列だ。あれ、ややこしくなってきた。音階というとハーモニー理論が確立された後の長音階[※39]や短音階[※40]だと思われる方も多いと思うが、そうではない。半音階もあれば、全音階もある。詳しく知りたい人はインターネットや音楽理論書を読んで下さい、ますますわからなくなるかもしれないけど（笑）。

この教会旋法にはドリア、ヒポドリア、フリギア旋法などがあるのだが、これは講義ではないから割愛する。

さて一般の生活の中にも音楽はたくさんあった。結婚式から葬儀、演劇や人々が集い踊るときの舞曲、フォークソング（民謡）など社会的な活動と密接に繋がっていた。そしてその音楽は単旋律、もしくはそれにリズムがつく程度だったのではないかと考えられる。音楽を伝える楽譜はまだなく、多くは口伝《くでん》であり、定形の言葉はあるが多分に即興的な要素が強く、人々が持ち寄った笛や太鼓がこれも即興的に色を添える。そう、この時代、音楽は即興的なものが主流だった。

さて、グレゴリオ聖歌にクリスマス・ミサ曲《幼子が生まれた》という曲がある。おそらく最も古い聖歌の一つだと思われる。とてもシンプルで厳《おごそ》かな曲だ。もちろん単旋律なのだが、15世紀の後半、ピエール・ド・ラ・リュー[※41]というフランドル[※42]の作曲家が同じ曲を多声部の音楽として作曲した。本当に心が洗われる美しい響きの曲だ。時はルネサンス、ポリフォニー音楽[※43]の時代が来たのである。

譜面の発達――ポリフォニー音楽の時代

前回書いたピエール・ド・ラ・リューという人がポリフォニー音楽を創始したわけではない。その時代には何百、何千人（あるいはもっと大勢か）の作曲家が存在し、時代の潮流として多発的に新しい方法論としてポリフォニー音楽に行き着いた。しかもそれはある日突然始まったのではなく、前後100年くらいの糊《のり》しろ、重複期間があった。つまりポリフォニーとかバロック時代という時代区分は後付けでしているだけで、どの時代にも先進的な方法をとる人も、ブラームスのような前からの方法論に固執する人もいてはっきり特定することはできない。ポリフォニー音楽はだいたい中世〜ルネサンス時代に盛んだったとされているが、実際にはもっと前にそういう方法で書いていた人がいてもおかしくない。それどころか紀元前の古代ギリシャには和音があったというのだから、モノフォニー（単旋律の音楽）の時代が本当に単旋律だったかどうかさえわからなくなってくる。

ついでにいうとグレゴリオ聖歌も、ある旋法に即して作られたものではない。後の時代に研究者がたくさんのメロディーを分析し、ドリア、ヒポドリア旋法などに分類したにすぎない。だからどの旋法にも当てはまらない聖歌は多数存在する。つまりはっきりした音源なり、譜面がないから歴史的資料を踏まえた推定なのである。ここで重要なことは「理論は後からついてくる」ということである。これは覚えておいてほしい。

さてポリフォニー音楽は即興的に演奏するのでは成立しない。なんらかの意図を持っていくつものパターンを吟味し、精査し、音を選んでいかなければならない。つまり作曲である。作曲は頭の中だけではできない。構想を練ることはできるが、吟味精査は無理である。ではなぜ可能になったのか？

譜面の発達である。

モノフォニー音楽の時代は言葉だけ、あるいは言葉の上下に波のような曲線がまるで小節《こぶし》回しのように書いてあるだけだったが、徐々に横に線が数本引かれ、音符のような黒い物体が音程らしきメロディーの起伏に沿って置かれるようになった。後のネウマ譜（グレゴリオ聖歌の記譜法）である。この段階ではまだ４線譜なのだが、譜面はさらなる進化を遂げていく。そうすると音楽は視覚化され、さまざまな組み合わせを考えるようになる。そして即興的なものと作曲は別のものになり、作曲家が誕生したわけだが、もちろん専業というわけはない。

実際、クリスマス・ミサ曲《幼子が生まれた》のオリジナル（というのもはっきりしているわけではないが）は４線譜なのだが、先ほどのラ・リューの残した同曲中〈キリエ〉のテノール・パートの譜面は５線譜になっており、小節線こそないが音程や音の長さははっきりわかる。つまり４００〜５００年かけて表記が発達し、音楽の精度が向上していった。

これはまったく個人的な考えなのだが、ポリフォニー音楽の原点は繰り返す、ということにあったと思っている。つまりカノン（輪唱）だ。人があるフレーズを歌ったとする。それを聞いて遅れて同じフレーズを他の人が歌う。また新たなフレーズが歌われた、それをまた真似て歌う。最もシンプルなポリフォニー音楽だが、同時にこれは世界中の民謡や、祭事の音楽の原点でもある。この繰り返す、ということが今日のミニマル音楽に繋がると言ってしまうと手前味噌か（笑）。

ついでにいうと繰り返すのではなく、一つの旋律を複数の声部[※44]が歌いながらズレていき、多声部化する音楽がある。日本の声明《しょうみょう》や民族音楽に多く見られるのだが、これはヘテロフォニーといってポリフォニー音楽とは別のものだ。

とにかく、このカノンは後のハーモニー（ホモフォニー[※45]）時代でも、モーツァルトの交響曲第41番《ジュピター》の第4楽章を持ち出すまでもなく、多くの作曲家が技法の一つとして使用し、十二音音楽のウェーベルンの後期作品でもかなり重要な要素になるのだが、話を戻そう。

最初はただ遅れて繰り返していたのだが、そのうち言葉の問題などもあり、音程やリズムが微妙に変化していった。やがてそれらは独立した別の声部として歌われるようになった。もちろんそれはネウマ譜によって記録されていくのだが、この単体から複数になることはものを考える上で大変重要だ。

つまり一つのものを提示されたとき、人はそれを受け入れるか否か、あるいは興味の対象外かの反応しかない。要するに好きか嫌いか無関心である。だが、二つ提示されるとそれぞれの関係性や意味などを考えなければならない。そこに、ああなればこうなる、といった論理性が生まれる。論理は時間軸の上で成り立つがそれを俯瞰《ふかん》するためにも空間的な視点が必要だ。いや、逆か。ポリフォニー音楽という立体的（空間的）表現をするためにも、譜面という時間軸を基準とした書き物でその因果関係を確かめる……なんだか難しくなってきた。続きは次項で。

ハーモニーのための革命的方法論——平均律

　ポリフォニー音楽というのは複数の独立した声部で成り立っているのだが、旋律に対して別の旋律を付ける場合、そこには約束事がある。その約束事（技法）を対位法という。もちろん前に書いたとおり最初に理論があったわけではなく後付け、あるいは同時進行的に決め事とされていくのだが、ノエル＝ギャロン、マルセル・ビッチュ共著の『対位法』（矢代秋雄訳）によれば「旋律線、およびそれ等の累積に関する学問である。それは音楽を水平次元より考察する。これに対し、音楽を垂直次元より考察するのが和声法であり……」などと書いてある。

　目が点になるような言い回しなのだが、学術理論書なのだから仕方ない。音大生だった頃、独学でこの本を勉強したのだが、なぜか授業を受けた記憶がない。授業があったのかどうか？　あまり真面目な学生ではなかったから、単にサボっただけなのかもしれないのだが。

　さて、対位法には厳格対位法などさまざまな技法があるのだが、これには触れない。ただ単声のグレゴリオ聖歌に対して4度あるいは5度の平行する声部が時代とともに現れ、それが後に旋律に対して逆行する声部も現れて、リズムも複雑になっていった。これが9世紀から14世紀くらいまでの歩みである。ルネサンスの時代ではより各声部の精度が上がって独立性を増したが、ルネサンス後期には旋律と旋律の組み合わせではなく、和音から和音に移行する和声の方法論が対位法にも組み込まれ、バロック時代に移っていく。

が、その前にどうしても触れておかなければならないことがある。

今日の我々を取り巻く音楽、ポップスを含めてその大半が長音階と短音階でできている。それは1オクターヴに12の音があり、その数だけ、いや正確にいうとそれぞれの音の長音階と短音階の分だけ移調が可能である。つまりどの音からも同じ音階が得られる。このシステムはいつできたのか？　誰が1オクターヴを12に分けたのか？　そんなこと気にならない方は、ここから先は読まないほうがいいかもしれない（笑）。

一つの説は紀元前500年ほどの古代ギリシャ時代のピタゴラスが作った音律。これは仮にドの音を決め、そこから5度上のソの音を決める。これは整数比で2対3である。今度はそのソをまたドと読み替えて5度上の音を決める。それを12回繰り返すと大本《おおもと》のドにほぼ戻る。むろん誤差は生じるのだが。おそらく弦を張り、軽く指で押さえながらよい音のするところ（前に書いた倍音）の整数比を求め、それを繰り返しながら数学として、あるいは自然科学として研究分析したものだと思われる。鍛冶屋《かじや》の金槌《かなづち》からヒントを得たという説もあるがそれはどうだろうか？　金属はいろいろな雑音や複雑な共鳴をするため、その整数比を割り出すのはかなりの無理がある。この12音律は古代の中国にもすでにあったとされているので、根本は倍音の構造（構成音）を人類が探り当てていった結果だと僕は思っている。

この整数比で純正音程を求めていった結果、できる音階が純正律である。ドとソが2対3、ドとファが3対4、ドとミが4対5というふうに、ある基準音を元に整数比で割り出した音律である。古い教会のオルガンなどがこの純正律なのだが、大変純粋な響きが得られるといわれている。が、問題がある。ある調にはよいのだが、他の調では基準音が違うため音程が変に聞こえる。いわゆる調子っぱずれなのだ。これでは転調や移調は困難だ。

それを解消したのが、今日我々が使っている12平均律という音律なのである。なんだか本当に難しくなってきたが「音楽の進化」を語るとき、どうしても通らねばならない、いわば関所のようなところである。もう少し辛抱をお願いする。

1オクターヴは整数比で1対2である。このことは前に書いた。今日の国際基準であるラの音は440Hzで、下のラの音は220Hzだから周波数の整数比は1対2である。オーケストラの演奏会に行くと楽団の人がオーボエに合わせて最初にチューニングする音である。実際には441または442Hzまで上がってきているのだが、それはやはりピッチが高いほど張りがあるというか輝かしいというか、抜けがよく聞こえるからではないかと思われる。

話を戻して上のラの音（440Hz）から下のラの音（220Hz）を引くと220、つまり1オクターヴは220Hzということになる。これは12で割ることができない。先ほどの純正律はそれでも整数比でなんとか音程を選んだが、12の音すべてに誤差を設定することで12の音すべてを均一化したのが12平均律である。これによって転調や移調は自由になり、音楽は飛躍的に表現力を増した。

それは新しい音楽、ハーモニーの時代を支えた革命的な方法論だった。

和音が音楽にもたらしたもの

クラウディオ・モンテヴェルディ[※46]というイタリアの作曲家がいる。16〜17世紀にかけて活躍した人なのだが、現代でも比較的演奏される機会があり、歴史上重要な作曲家の一人だと僕は思っている。ヴィオラ・ダ・ガンバ奏者でもあった。

この楽器は16〜18世紀によく使われた楽器で、擦弦《さつげん》楽器である。ヴァイオリンを鈍くしたような音色で、風情がありヨーロッパの大理石の壁に馴染む音、と言ったら多少イメージを感じてもらえるだろうか。ただ弾き方はチェロのように縦にかまえるのでヴァイオリン属とはまったく別系列であると言われている。以前、中国映画でこの楽器を使ってスタジオで録音したが（なんで中国映画にヴィオラ・ダ・ガンバか？　という疑問を感じる方もいると思われるが、長くなるので説明は省略）、音が小さくすぐピッチが悪くなるので、演奏よりもチューニングに時間がかかった記憶がある。だが、間違いなくヴァイオリンと同一視するべきではないと思った。

それはさておき、１６０７年、モンテヴェルディのオペラ《オルフェオ》[※47]が初演された。もちろんギリシャ神話のあのオルフェオとエウリディーチェの話である。このオペラは今も取り上げられることはあるので、是非観てほしいのだが、その中に〈天上のバラ〉というアリアがある。主人公オルフェオが愛する妻エウリディーチェを讃える喜びのアリアである。一聴してすぐわかるのは、ここでは明確なメロディーラインとそれを伴奏するハープなどの和音がしっかりあることだ。つまりポリフォニー音楽のような横に動くモティーフがいくつか組み合わされるのではなく、一つのメロディーを和音が伴奏するといった形態で、当時としてはそれまでにない音楽だった。もちろん彼が創始したのではない。大勢の作曲家がその時代に同じ方法を採用していたのは言うまでもない。

ハーモニー（ホモフォニー）音楽の時代が到来したのである。構造はいたって簡単、明確な旋律にわかりやすい歌詞、それを器楽奏者が伴奏するのだから（モノディ様式というらしい）、聴き手にとっても理解しやすい。僕はＤＶＤで観たのだが、音楽が輝いており、屈折してなく、音楽の可能性を心から信じていた時代だったと思われる。

ＤＶＤ自体は当然近年に撮影されたものなのだが、オーケストラ・ピットの奏者が当時を思わせる服装で演奏していて、何かとても華やいだ気分になれた。いつか演奏してみたいと思ったのだが、《オルフェオ》では作曲家の各声部への楽器指定が徹底しており（その前は即興的に集まった奏者が演奏することが多かった）、そういう意味では最初の本格的にオーケストレーションされた作品だったのかもしれない。

このホモフォニー音楽の意味は横に動く各声部の関係よりも、和音自体の進行が音楽をリードしていくことにある。その約束事は16世紀に確立された機能和声[※48]である。ドとソの表の5度とドと下のファの裏の5度が重要だと前に書いたが、この倍音からできたトライアングルが機能和声でも重要になる。それぞれの音を基音とした三和音（根音《こんおん》の3度上と5度上の音）の進行が音楽を決定する。

その①Ⅰ－Ⅴ－Ⅰ（ド－ソ－ド）。これは学校などの朝礼で起立、礼、着席というときによく使う和音進行である。あれ？　今の時代そんなことをする学校はあるのだろうか？　まあいいや、次、その②Ⅰ－Ⅳ－Ⅰ（ド－ファ－ド）。これは教会などで最後にアーメンというときに使う和音進行で別名アーメン終止とも言われている。その③Ⅰ－Ⅳ－Ⅴ－Ⅰ（ド－ファ－ソ－ド）。これは今の時代のポップスやジャズを含めた調性音楽の大半を占めている和音進行と言っても過言ではない。もちろんそれぞれの代理和音があるのでもっと複雑だが、考え方（基本）は同じだ。

そしてその要《かなめ》は長音階と短音階である。ポリフォニー音楽の時代に主流だった旋法はほぼこの長・短音階に集約され、機能和声は生まれた。

この長音階と短音階からできる三和音をよく見ると構成音のうちドとソは同じである。違いは真ん中の3度の音ミである。このミがそのままか、半音下がるミ♭（フラット）かで、和音の性格がまるで変わる。長三和音と短三和音というのだが、身近にある楽器で弾いてみていただきたい。ドミソは明るい、そしてドミ♭ソは暗い。これに異論のある方は……かなり個性的であると僕は認定します（笑）。

ここで重要なのは音楽に感情が持ち込まれたということである。明るい、暗いと感じる和音が音楽の発展とともに、歓喜を表現したり、暗い悲しみを表現できるようになる。バロック、古典派、ロマン派、そして後期ロマン派時代へと時空を経るにつけ、音楽はよりエモーショナルなものへと変貌していき、機能和声自体がもはや機能しなくなるのだが、今はまだそれに言及しない。

さて最後に具体的な話。ミが３２９Hz、ミ♭が３１１Hzでその差はわずか18Hz！　この差が音楽を大きく変えたのだった。

最もシンプルな音楽の形式は？

コンサート・ツアーのため、しばらく原稿書きから遠ざかっていたら文章が浮かんでこない。まあプロの文筆家ではないから仕方ないのだが、頭が音符でいっぱいになると他のことはできなくなるのだろうか？　はたまた単にブランクが原因か？　もしブランクなら作曲が心配になる。ツアーをしている間は、さすがに作曲するのは無理だ。とするとここにもブランクができている。

前回のコンサート以来約2ヶ月半、毎日自宅と仕事場の往復だけの日々は至って地味でシンプルだった。何日も何も書けず泥沼を這《は》いずり回ったような苦しい時期もあったが、今振り返ると確実に曲はできていたのだった。毎日こつこつと同じことをする、あるいは定期的なサイクルで繰り返し、同じことを続ける。もちろんそれは演奏でも作曲でも文章を書くのでも同じことで、続けること、それが一番。これぞミニマルな生活だ。さあ、作曲に戻るためにも早く原稿を上げよう。

前回、ホモフォニー（ハーモニー）の時代は機能和声の確立によって音楽はよりエモーショナルな表現が可能になったと書いた。多くの人が今日耳にするいわゆるクラシック音楽はこの時代の音楽である。

構造は至ってシンプル、メロディーラインとそれを支える和音が主になる歌謡形式に近いものだ。つまり8小節（これが7小節でも10小節でも同じ）のフレーズが基準になる。もちろんシェーンベルクの《浄《きよ》められた夜》のように複雑な対旋律※49やリズムも加わるものもあるからそんなに単純ではない、と言われてもしょうがないのだが、ベーシックな構造は同じなのである。ヴィヴァルディや初期のハイドン※50を想像してもらえばわかりやすいかもしれない。もちろん8小節では20秒前後で曲が終わってしまうので、これをいくつも組み合わせて一つのまとまった曲にしていくわけだが。

ここで重要なのが形式だ。なんとなくダラダラとメロディーが続いていても、聴き手には何も訴えてこないし、締まりがない。なんらかの約束事であるその音たちを受けるお皿のようなもの、あるいは容器がいる。それが形式である。

音楽は論理性が大事だ。ドだけでは意味を持たず、それに続く音の連なりがあって初めて音楽として成立する。この連続性には時間が必要なので論理的であると前に書いた。その一つの固まりが先ほどの8小節のメロディーあるいはモティーフなのだが、それを組み合わせ、時間軸の上で構築していくのに必要な約束事が形式なのだ。

最もシンプルなものは三部形式である。こう書くとまた講義かと思われるから別の言い方をする。

宇宙人に遭遇したらあなたはどうしますか？　……はあ？　……この質問に作曲家の武満《たけみつ》徹《とおる》※51氏は確か「相手の言ったことを繰り返す」というような意味のことを答えていたと思う。

随分前に読んだ本なので記憶が定かではないのだが、僕も多分同じことをすると思う。その根拠は「わからなかったら繰り返す」ということだ。

そしてこれが三部形式の大前提なのである。あるメロディーから始まった、しばらく経ってからまた最初のメロディーが聞こえた。そうすると多くの人は一つのまとまったもの、あるいは完結したものと認識する。つまりa－b－aということになる。これは古今東西を問わずあらゆる音楽の基本形態であると言っていい。もう一度繰り返す、あるいはもう一度聞こえたということが人間の生理に合致しているのである。じゃあ先ほどの宇宙人は繰り返すのか？　などと余計な質問をしてはいけない……これは人間の生理の話なのだから……なんとか収めたのだから蒸し返してはいけない（笑）。

さて8小節のメロディーがa－b－aで24小節前後になったとしても、多くの場合は（テンポにもよるが）40～50秒くらいにしかならない。それでa－a'－b－a'とかa－b－a'－c－b－a－b－a'など様々な工夫をしながら音楽は徐々に大きな建物になっていった。その極致が交響曲である。特にその第1楽章が最たるものである。10～15分、マーラーに至っては30分もかかるその楽曲はどう作られているのか？

それがソナタ形式という形であり、実はこれもa－b－aの拡大版三部形式なのである。具体的にはまずテーマを演奏する提示部（a）、それからそのテーマをさまざまに変奏する展開部（b）、そしてもう一度最初のテーマを演奏する再現部（a）で構成されているのだが、ごらんのとおり、a－b－aの三部形式になる。もちろんそんなに単純ではなく、提示部には第

1主題と第2主題があり、それぞれもっと細かく約束事があるのだが、それは次回に書く。

重要なのは、ホモフォニー音楽は根がシンプルな分、情緒に訴える力が強く、それゆえさまざまな約束事を作ることで大きな建造物にしていったということ。だが、それもやがて行き詰まっていくのである。

ソナタ形式の中の第1主題と第2主題

ホモフォニー（ハーモニー）音楽を支えてきたのは機能和声とソナタ形式であると前回書いた。それをベートーヴェンの交響曲第５番《運命》を例に考えてみる。

全４楽章で約35分の長さを持つこの曲は、特に冒頭の４音からなる「ジャ、ジャ、ジャ、ジャーン」が有名で、本人が弟子に「運命がこのように戸を叩くのだ」と語ったことから《運命》と呼ばれるようになったらしいが、本当のところは定かではない。ちなみに、海外ではあくまで交響曲第５番であって《運命》と呼ぶことはまったくない。

第１楽章と第４楽章がソナタ形式なのだが、ここでは第１楽章で考えてみる。カルロス・クライバーの演奏が７分22秒、サイモン・ラトル[※52]７分29秒、カラヤン、アーノンクール[※53]が７分24秒なので、曲の長さとしてはそれほど長くはない。ただここで注目するのは、ふつう演奏時間は指揮者によってまちまちなのだが（1～2分違うケースもある）、この第１楽章はほとんど同じであること。それだけ緻密《ちみつ》に作られているということだろう。だが、トスカニーニ[※54]は６分15秒！　これはどういう演奏なのか？　疾風怒《ど》濤《とう》の攻め技か！　と思ったのだが、これは提示部を繰り返さなかったための時間だった。演奏もそれほど速くない。この提示部の繰り返し問題は後で説明する。

さて、ここでソナタ形式をもう一度おさらいすると、全体は提示部と展開部、そして再現部の3部構成でできている。提示部では第1主題（テーマ）と第2主題があり、その関係は主調とその属調あるいは平行調である。あ〜何だか面倒くさいが、大事なことだからわかりやすく説明すると、《運命》の正式名称は交響曲第5番ハ短調なのだが、このハ短調が基本のキー（主調）で、属調とはその5度上のト短調になる。だが、基本のキーが短調の場合、第2主題は平行調になる。この平行調は調号が同じもの（ハ長調とイ短調の関係）を指し、まあ夫婦のようなものである、仲がいいかどうかは別として（笑）。いやこれは冗談ではなく、その対比あるいは対立が大きなエネルギーになっている楽曲もあるからだ。

《運命》の場合、第2主題は平行調の変ホ長調で優しく始まるのだが、再現部では同主調のハ長調で演奏される。また長調の楽曲でも再現部では属調ではなく、同じ主調で演奏されるのがみそなのだが、聴いてわかるのだろうか？　特に東洋人の感覚ではヘテロフォニーといって同じキーの音が微妙にズレるドローン（持続低音のようなもの）的なものがベースにあり、主調と属調の違いが、大きく世界を変えるように感じる西洋人のものとは異なる。絶対音感の問題もあるが、我々の聴き方としてはキーの違いではなく、第1主題と第2主題の性格の違いがドラマを生んでいくと思ったほうが自然である。

映画の場合、A、Bそれぞれの登場人物が性格も考え方も同じだったらドラマとしてまったく成立しない。つまり映画にならない。が、A、Bの考え方や性格が違うために軋轢《あつれき》が生じ、対立することによってそこにドラマが生まれる。その対立によって起こるさまざまなドラマが映画なのだ。

ソナタ形式の基本も同じで、対立によって生じるドラマ性にあると僕は思っている。《運命》ではこれ以上削れない究極の４音モティーフを核とした激しい第１主題と、うっとりするくらいに優しい気品に溢れた第２主題がドラマ性を生み、音楽史上最も重要な楽曲になったのだが、忘れてはならないことがある。それは作曲的観点から見てどこにも無駄のない完璧な楽曲なのだが、そのうえに誰にでもわかるわかりやすさがあることだ。作曲は論理的な机上のものだけではなく、人々の感性に訴えかける強さも必要だ。そしてその表現を可能にしたのが、機能和声であり、ソナタ形式なのである。極端にいうとこの第１主題と第２主題のそれぞれ数小節をしっかり作ってさえあれば、楽曲完成の道筋はできたと言っても過言ではない。あとはソナタ形式のフォーマットに沿って作曲していく。展開部ではそれぞれの主題を変奏し、再現部では先ほどのキーに即して再現する。メインの楽章ができればあとはロンド形式なりスケルツォなり、舞曲系の楽曲と歌謡形式の遅い楽章を配置すれば交響曲は完成する。もちろんそんなに簡単に作曲はできないが、このメインのフォーマットがあるからハイドンは生涯１０６曲もの交響曲を書き、モーツァルトは41曲の交響曲を書いた。ベートーヴェンは９曲と先人より少ないが、それは時代の表現が変わり、よりエモーショナルで巨大になったからである。ロマン派の時代の幕開けだ。

提示部の繰り返しについては後で書くことにするが、ふと思う。《運命》の第１主題と第２主題の関係は、ベートーヴェンが生涯求めた（実現しなかったが）夫婦の理想の関係を描いたのではないか？　と。これも、また別の《運命》のドラマである。

ロマン派の音楽と文学の関係

もう一度、ベートーヴェンの交響曲《運命》の話に戻る。頭のジャジャジャジャ、ジャーン（ソソソ、ミー）はⅠの和音、次のジャジャジャ、ジャーン（ファファファ、レー）はⅤの和音で、その後もⅠやⅣ、Ⅴを中心に和音は進行する。前に書いた機能和声のⅠ－Ⅴ－Ⅰ、Ⅰ－Ⅳ－Ⅰ、Ⅰ－Ⅳ－Ⅴ－Ⅰの基本にほぼ沿っている。この機能和声とソナタ形式で古典派の音楽はほぼできているのだが、作曲家は同じところに留まらない。もっと新しい和音進行やソナタ形式以外の構成はないかと考える。

それはそうだ。創作家は昨日と同じものを作ってはいけない。だから五里霧中のなかで一筋の光明を見いだすために日々苦しんでいるのだが、掘り尽くされた炭坑（油田でもいいが）をもう一度掘って新たな石炭を探すことは新しい場所を見つけて採掘するよりもっと難しい。つまりもうぺんぺん草も生えない場所にいるより、新たな地を探すほうが賢明である。

これがロマン派の作曲家たちが考えたことである。ソナタ形式は前の世代でやり尽くされた。どう頑張っても彼らを超すことはできない。前回書いたとおり、ソナタ形式では第1主題と第2主題を作った段階で大方の道筋がつくということは、誰が作ってもある程度まではいけるわけである。その分、実に大勢の作曲家が同じ道を通ったことになる。自分だけの獣道が多くの足に踏まれて道になり、やがてコンクリートの道路になる。そこには個性（これも実はいろいろ問題があるのだが）はない。

新しい道、それは文学だった。詩や物語が持っているストーリー（ドラマ性）に即して音楽を構成することで、ソナタ形式からの脱却を試みた。

例えばコーカサスの草原を旅するロシア人と東洋人が出会うというテーマで書かれたボロディン[※55]の《中央アジアの草原にて》やアルプスの1日を描いたリヒャルト・シュトラウスの《アルプス交響曲》、シェーンベルクの《浄められた夜》だってデーメルの詩に基づいて作曲されている。管弦楽曲の場合はそれを交響詩と呼ぶことが多い。この新しい波を先導していたのがフランツ・リスト[※56]だった。

和音進行も、よりエモーショナルになって、微妙な感情の揺れを表現するようになった。つまり、より複雑になっていくのである。その最たるものがリヒャルト・ワーグナーである。もともと「楽劇」なのだからドラマ性があるのは当たり前だ。あの有名なトリスタン・コード[※57]のように、もはや和音の進行は最後まで完結せず次々に転調し続ける。それが不安、絶望などの情緒を表現することに貢献した。その彼が交響曲を書かなかった事は暗示的だ。

これは僕の妄想だが、長く眠っていたベートーヴェンの交響曲第9番を発見し、それを再演指揮するために奔走したワーグナーは、「交響曲とは物語性など関係なく、純粋に音で構成されなければならない、例えばソナタ形式のように。だが今さらソナタ形式で作曲してもベートーヴェンを超すことはあり得ない。だから自分は交響曲を書かず楽劇を書く」。楽聖を尊敬しながら自分の生きていく険しい別の道を模索する苦悩の芸術家！　なんてね、ワーグナーはそんな道徳の教科書に出てくるような玉じゃないから。こんなにすごい歴史上の人物を玉なんて言ったら怒られてしまうけれど、一癖も二癖もある山師だったのは間違いない。でなければあんなバイロイト祝祭劇場のようなものを一介の作曲家の思いで作れるわけなどないから。高邁《こうまい》な理想と現実を行き来する、実に魅力的な人物である。だが皮肉なことに彼の影響を受けたブルックナーやマーラーは、楽劇ではなく交響曲を書いた。しかもマーラーは、楽劇のように声楽も使って。

さて、文学に結びつくことがトレンド（懐かしい言葉）だった時代、一方では相変わらず前の時代の方法に固執する作曲家もいた。ヨハネス・ブラームスである（他にも大勢いた）。彼は純音楽にこだわった。純音楽というのは音だけの結びつき、あるいは運動性だけで構成されている楽曲を指す。ウイスキーに例えれば、シングルモルトのようなもの。シングルモルトというのは一つの蒸留所で作られたモルトウイスキーのことだ。防風林も作れないほど強い風が吹く（つまり作ってもすぐ飛ばされる）、スコットランドのアイラ島で作られるラフロイグは、潮の香りがそのまま染みついていて個性的で強くて旨い。対してブレンデッドウイスキーというのは香りや色や味の優れたものをミックスして作るウイスキーだが、シングルモルトほどの個性はない。

ロマン派の音楽はブレンデッドウイスキーだった。新説！　ドラマ性という劇薬を使っているから個性的には見えるが、音自体での結びつきではバロック、古典派よりも希薄になった。しかも調性はどんどん壊れていき、形式ももはや情緒的なものに成り果て、なんでもありの今日の世界や音楽と同じ状況になった。歴史は繰り返される。そのことを危惧したシェーンベルクは、音楽史上類のない新しい秩序としての方法論を発表した。十二音音楽である。

シェーンベルクの天才ぶりと、その目指したものは……

アルノルト・シェーンベルクの《浄められた夜》は弦楽のための作品で、約30分かかる大作だ。元々は1899年に弦楽六重奏曲として作曲されたのだが、1917年、それから1943年にもそれぞれ手を入れ、いずれも出版されている。

僕は5月5日に、この曲を演奏することになっている。新日本フィルハーモニー交響楽団の「新・クラシックへの扉」というシリーズでの出演だが、他にリヒャルト・ワーグナーの《トリスタンとイゾルデ》の前奏曲、ホーリー・ミニマリズムのアルヴォ・ペルトさん（2014年、高松宮殿下記念世界文化賞で来日したときお会いした）が書いた交響曲第3番というなんとも大変なプログラムだ。まあ現代の音楽入門編といったところだが、よく考えると「なんで『こどもの日』にこんなヘビーな選曲なの？《となりのトトロ》を演奏したほうがいいんじゃないか！」と自分でも思う。でも観客のことを考えるとそうなのだが、作曲家はやはり自分の興味のあることがやりたいことなので、仕方ない。

それで今猛勉強中なのだが、とにかく各声部が入り組んでいるため、スコアと睨《にら》めっこしても頭に入ってこない。いろいろ考えたあげく、リハーサルの始めころは連弾のピアノで行うので、そのための譜面を自分で書くことにした。やはり僕は作曲家なので自分の手で音符を書くことが覚える一番の近道だと考えたのだが、それが地獄の一丁目、大変なことになってしまった。

《浄められた夜》は室内楽なので、音符が細かい。例えば4分の4拍子でヴィオラに6連符が続くと4×6＝24、他の声部もぐちゃぐちゃ動いているので1小節書くのになんと40～50のオタマジャクシを書かなければならない（もちろん薄いところもある）。それが全部で418小節あるのである！　そのうえ、4手用なので、弾けるように同時に編曲しなければならない。全部の音をただ書き写しても音の量が多すぎて弾けないので、どの声部をカットするか？　もう無理なのだが、どうしてもこの音は省けないからオクターヴ上げて（下げて）なんとか入れ込もうとかで、とにかく時間がかかる。実はこの作業は頭の中で音を組み立てているのだから、最も手堅い、大変だが確実に曲を理解する最善な方法なのだ。

年が明けてから、映画やCMの曲をずっと作ってきて、台湾コンサートが終わってからこの作業に入ったのだが、昼間は作曲、夜帰ってから明け方まで譜面作りと格闘した。それでも一晩に2～3ページ、小節にして20～30くらいが限度だった。毎日演奏者に定期便のように送っているのだが、他にもすることが多く、実はまだ終わっていない、やれやれ。

もしかしたらこれは多くの作曲家が通ってきた道なのかもしれない。マーラーやショスタコーヴィチの作品表の中に、過去の他の作曲家の作品を編曲しているものが入っている。リストはベートーヴェンの交響曲を全曲ピアノに編曲している（これは譜面も出版されている）。これらはもちろんコンサートなどで演奏する目的だったと思われるが、本人の勉強のためという側面もあったのではないか？　モーツァルトは父親に送った手紙の中で、確か「自分ほど熱心にバッハ等を書き写し、研究したものはいない」と書いていたように記憶している。モーツァルトは往復書簡などを見る限りかなり変わった人間ではあるが、天真爛漫《らんまん》な大人子供のイメージは、映画『アマデウス』などが作った虚像だったのかもしれない。

そんなことを考えながら、何度も書いては消し、書いては消している最中にふと「久石版《浄められた夜》を出版しようかな」などと妄想が頭をよぎる。もちろんシェーンベルク協会みたいなものがあったらそこに公認されないと無理だろうけれど。

それで改めてシェーンベルクの天才ぶりがわかった。ピアノ版に直していく過程でどの音域でも音がかぶるところがほぼ見当たらなかった（もちろん半音をわざとぶつけてはいるが）。ベートーヴェンは意外に頓着がなく、交響曲第5番の第2楽章の中に出てくるのだが、第2ヴァイオリンとヴィオラが和音を刻んでいるなかを、同じ音域で第1ヴァイオリンが結構平気で駆け上がっていく。要はそんな細かいことはどうでもいいというくらい音楽が強いのだが、こと技術的なことを言えば、シェーンベルクは歴史上最も優れた作曲技術の持ち主だった。しかも作品番号4ということは若い頃の作品だ。普通は一生かかっても身につかない技術をこんなに若いときに手に入れるなんて、その先どうやって……ワーグナーの影響下にあった彼が次に目指すものは……。結局、無調に走り、十二音音楽を始めるしかなかった。それを僕は強く実感した。

十二音音楽ってなに？

十二音音楽（技法）についてこれから必要最小限の説明を試みたいのだが、その前にお断りしたいことがある。僕はこの技法を大学時代に独学し、その後、日本の十二音技法の大家、入野義朗《いりのよしろう》先生[※58]についていささかレッスンを受けた。まだミニマル・ミュージックの洗礼を受ける前のことだが、実は多くの作曲家、アルヴォ・ペルト、ヘンリク・グレツキ、そしてあの前衛中の前衛であるジョン・ケージでさえこの十二音技法を学んでいる。だから自分にとってこの技法を語ることは特別なことではないのだが、音楽ファンにとってみれば、仮にたくさんのレコードを持ち、カール・リヒター[※59]とトレヴァー・ピノック[※60]のバッハ作曲《ブランデンブルク協奏曲》の違い（これは村上春樹さんの本に出てくる描写）が熱く語れるほど音楽に詳しい人であっても、なんだか面倒くさい話になる。理論や法則の話は誰だって好む事柄ではない。人は制限されること、例えば行動を規制されること、指図を受けることなど、自分の意志ではないことを強いられるのは嫌いだ。僕も嫌いなのだが、なぜかこういう話になるのは、たぶん自分の感性を信じていないからで（いや、人間の感覚というもの自体を）、あやふやな自分を確認するものさしとして理論を使っているからだろう。案外、正しい理論や論理との接し方かもしれない。

十二音音楽（技法）とは1オクターヴの12の音を使った音列（セリー）で、その音の順番を変えずに音楽を作っていく方法だ。もちろん同じ音を音列の中で2度使用することはできないし、感覚として他の音のほうがよいと思ってもそれは駄目である。ただしその音列に従って和音としての使用は可能だ。こうすることによってどの音にも比重が偏ることなく、対等に全部の音を扱う。これは調性音楽が主音や属音を主体に動くことからいかに離脱するか、ということから考えられた。また、その音列の最後の音から頭の音に行くのを逆行型、最初の音から同じ音程分だけ反対方向に行くものを反行型といい、逆行型の反行もいれると全部で4種類のセリーができる。やっぱりわからないね、どこがわかりやすいんだ！　という声が聞こえてくるが、もう少し辛抱を。

作曲家は絶えず次に何の音を選ぶか悩む。シンプルなメロディーでも前後の関係性でここはソかラを選ぶか考え込む。ソナタ形式や機能和声のようなシステムがあればその基準に沿って、あるいは破壊しようと思って（本人だけ思っていて、実は仏様の手の平状態なのだが）音を選んでいく。そう、システムがあれば作曲は助かるのだ。その意味でこの十二音技法は便利なのである。まず12の音を作曲者の感性と論理で配列する。これをオリジナル音列と仮に命名する。すると先ほど書いたように逆行、反行などの4種類×12半音分もの音を選ぶ材料が自然に、あるいはあらかじめ用意されたごとくできる。もちろんもっと細かな決めごとがあるのだが、あとは作曲家がそれに即して音を置いていけば曲は一応できるのである。

その時代はトマトが熟しすぎて腐る寸前のような状態、つまり機能和声が半音階を多用して、もはや調性はどこにあるのか聴き分けることも不可能になった時代だった。そしてこのようなときのトマトはおいしいと聞くが、音楽も同じで、後期ロマン派の音楽は味わい深く実においしいのである。ちなみに僕はトマトが大嫌いだ！　まあそんなことはどうでもいいのだけれど、そのような時代にこの技法は画期的だった。もちろんなかなか受け入れられなかったことは容易に想像できる。

創始者といわれているシェーンベルク自身、十二音技法と調性音楽あるいは単に無調の音楽の間を行ったり来たりしているのである。時代は緩やかなカーブを描いて変遷する。

さて「音楽の進化」について書いているのだが、その冒頭でアントン・ウェーベルンの言葉を引用した。彼はシェーンベルクの弟子であり、その後の現代音楽への影響から考えれば師であるシェーンベルクよりも影響は大きかったと言える。彼はある講演で「あらゆる芸術は……合法則性に基づいている」と言い、それに続いていかに十二音音楽が歴史の流れのなかで必然的な技法であるかを熱く語っている。それは当事者によくある我田引水のような部分もあるのだが、「音楽の進化」を考える場合、傾聴に値する内容だ。

つまり、単音の音楽の時代から、線の音楽になり（ポリフォニー）、それがホモフォニー（ハーモニー）になったのだが、音楽以外のもの（物語性）で飽和し限界に来たところで、今一度ポリフォニックになった、それが十二音音楽であると。つまり純音楽に戻ったと彼は言いたいのだろう。確かに十二音音楽は音列を使う分、縦ではなく横の線の動きが重要になる。ではそれがハーモニーの時代を終焉《しゅうえん》させ、新しい時代を本当に作ったのか？　最後にポップスを含めた20世紀の音楽を考えたい。

「商業化された大量生産」の音楽の台頭と行く末

Th・W・アドルノ[※61]が書いた『新音楽の哲学』という本がある。その序文で「音楽現象そのものが商業化された大量生産に組み込まれることによってこうむる内的変化を立証し、同時に標準化された社会で起きている一定の人類学的変位がいかに音楽聴取の構造にまで入り込んでいるか……」などと、何回読んでも僕には意味がつかめない難しい言い回しが続く。この本自体はシェーンベルクとストラヴィンスキーを比較しながら（大雑把《おおざっぱ》に言って）20世紀の音楽のあり方を論じているのだが、作者はユダヤ人でその論理的明晰《めいせき》さに脱帽したくなるが、読むにはかなり重度の忍耐が必要だ。

彼の言うように20世紀は「商業化された大量生産」の音楽が著しく台頭した時代だった。レコードの発達である。それまではホールなどに出向き、いくばくかのお金を払い、一期一会の音楽を楽しんでいたのが、家で好きなときに好きなだけ聴けるようになった。音楽はレコードというパッケージになり、商品として流通経済の1アイテムになったわけだ。そこで誕生したのがポピュラー音楽だった。ちなみにウィキペディアで検索してみると「広く人々の好みに訴えかける音楽のことである」と書いてあった。なるほど、人々の好みか……？

その土台となった音楽は奴隷としてアメリカに渡った黒人と白人のあいだで生まれたデキシーランド・ジャズだ。それがロックンロールになり、ロックになり今日のエンターテインメント音楽になったのだが、その論理的な構造はいたってシンプル、機能和声で述べたとおり、メロディーと伴奏の和音が主体である。だが小学校の教科書に載っている音楽の3要素はメロディー、ハーモニー（和音）、リズムとあるように、これほどまでにポピュラー音楽が世界を席巻したのは実はリズムの力である。先ほどのアフリカから来た黒人のリズムが入ることによって、ヨーロッパ系の機能和声中心の歌曲（一部のフォークソングを含む歌謡形式）から大きく変貌した。4《フォー》リズムという編成がある。これはドラム、ベース、ギター、ピアノ（キーボード）のことをいうのだが、見事に音楽の3要素そのものではないか。これをバックにメロディーの象徴であるヴォーカルが入るのだから完璧である。だからドームを埋め尽くすコンサートライヴも小さなライヴハウスのバンドもベーシックは同じ編成なのである（もちろん弦を入れたり管楽器を入れたりコーラスを入れたりするが）。シンプル・イズ・ベスト、だが！　である。目にあまる商業主義のなかで、音楽は本当に豊かになったのか？　プロとアマチュアの境もなく人気者が余興のように歌う音楽で（もちろんそうではない本物の歌い手もいるが）、人々は「人々の好みに訴えかける」というポピュラー音楽を心から楽しんでいるのか？　感動はあるのか？　コンピューターでは音楽を情報化して定額料金で聴き放題などというふざけた話がある。それは音楽の尊厳を踏みにじる行為である。「商業化された大量生産」の音楽の行く末がこれなら、世界から本物の作曲家が消えていくだろう（食べられなくなるから）。もうこちら側に未来はないのかもしれない。

　話を戻して、レコードの発達は一方のクラシック界にも影響を与えた。例えばソナタ形式の提示部の繰り返し（前に説明すると約束した）だが、レコード化されるときにカットされることが多くなった。レコードは片面約15〜20分、両面で交響曲がやっと入る長さなのでその時間の制約が大きかった。もちろんそれだけではない。時代はたらたらした長いものより、よりコンパクトでスピードのあるもの、そして大掛かりなもの、つまりオーケストラの編成も巨大化したものを求めていった。その象徴がカラヤン、ベルリン・フィルだった。もちろん他のオーケストラも同じ道を辿っていった。

ソナタ形式の繰り返しはこのことから逆に辿っていくとわかる。ソナタ形式の重要なことは第1主題と第2主題にある。それが提示され、どのように展開され、またどのように再現されるか、それを聴き分けるためには第1主題と第2主題を印象づけなければならない。だから繰り返すのである。当時はホールでしか聴けなかったから（家では聴けない）繰り返す必要があった。それが提示部についているリピートマークの意味だと僕は考えているのだが、今の時代でもそのことは有効であると思っている。だから指揮をするとき、提示部は繰り返すようにしている。

「商業化された大量生産」のパッケージはレコードからCDになり、今ではダウンロードが主流になりつつある。手軽に便利はいいことなのだろうか？

人の生活はものや情報で豊かにはならない。爆買いする中国人を見て豊かだと思うだろうか？　我々はどこかに置いてきてしまった大事なものをもう一度取り戻さなければならない。

音楽はどこに行くのだろうか？　世界はどこに向かうのだろうか？

音楽の3要素であるメロディーとハーモニー（和音）にアフリカ系のリズムが加わることで、ポピュラー音楽は20世紀を席巻した。

一方、クラシック音楽の分野ではもう調性のあるメロディーは書き尽くされた、と多くの作曲家は考え（実際、過去の偉大な作曲家のメロディーを超えることは難しい）、わかりやすいメロディーを書くことをやめた。それはより複雑化した和音とも関係するのだが、その和音（調性）も十二音音楽で捨てた。また20世紀の音楽の幕開けにふさわしいストラヴィンスキーの《春の祭典》のようなバーバリズム（原始主義）のリズムも、わかりやすすぎるせいか捨てた。

つまりシェーンベルク一派が始めた十二音音楽以降の音楽は、弟子であったウェーベルンの点描主義（音がポツポツと鳴るだけでどこにもメロディーは出てこない）やその影響を受けたピエール・ブーレーズ、シュトックハウゼンなどのいわゆる現代音楽の道に繋がっていくのである。それらの多くはメロディーもなく、和音もなく（不協和音という和音ではあるのだが、むしろ特殊奏法を含む響きとして捉えたほうがいいかもしれない）、拍節構造（4／4拍子などの）も意味を持たなくなり、リズムも消えた。

メロディーとリズムで多くの聴衆を獲得したポピュラー音楽と、音楽の3要素を否定していった現代音楽。結果は一目瞭然、聴衆は難解で作家の観念の世界（自己満足）に陥った現代音楽を捨てた。それでもまだ時代がよかった。

　１９５０年以降、特に70～80年代は既成の価値観を打ち壊すことが表現として成立するという「共同幻想」を抱ける時代だった。つまり〝否定〟である。巨大な権力やそれまでに築き上げてきたものを否定すること自体がクリエイティヴな行為だった。『書を捨てよ、町へ出よう』『われらの狂気を生き延びる道を教えよ』などの文学、絵画、音楽、映画などすべてのジャンルで同時多発的にそれは起こった。僕もそれに感化された人間の一人だったのだが、今思えば随分オプティミズム（楽天主義）の発想だったと思う。司馬遼太郎氏の『坂の上の雲』に登場する明治維新の人々は、勉強すれば立身出世ができると思えたように、否定することが表現することであると単純に思えたことは、この21世紀から振り返ってみればいかに楽天的だったかわかる。

　ポピュラー音楽でも、ロックンロールがロックに変わり、セックス・ピストルズ[※62]やルー・リード[※63]などの既成概念を打ち壊す音楽（歌詞）が若者の人生を変え、ボブ・ディラン[※64]の《風に吹かれて》では社会の中で生きていく自分の矛盾を問うた。それに多くの人が共感した。まだ音楽は力があったのである。僕はといえば、大学の授業を無視し、新宿のジャズ喫茶でフリージャズを聴き、小難しいパゾリーニなどの映画を観て、ジョン・ケージやルイジ・ノーノ[※65]の音楽を酒の肴《さかな》にして議論に熱中していた。映画『青春の蹉跌《さてつ》』や『イージー・ライダー』『ファイブ・イージー・ピーセス』などはそのまま自分の時代だった。まるであらかじめ規定されていたような当時の若者そのものだったともいえる。

そのようなころ、アメリカでミニマル・ミュージックが始まった。このことは何度も書いてきたので省略するが、ここにはメロディーの断片らしきものがあり、ハーモニーもリズムもあった。だが、日本の音楽界は長い伝統を持つヨーロッパに依存し、リゲティ[※66]（僕は大好きだが）やクセナキス[※67]などの音楽を支持してきた。今の時代でも相変わらず、十二音セリー（音列）の作曲法やいわゆる現代音楽の語法が音楽大学の授業や作曲コンクールでまかり通っているらしい。なぜなら、指導する先生やコンクールの審査員がそういう音楽を作ってきたからそういうものを選ぶのである。もちろんそういうものが多くあっていいのだが、この21世紀にそれだけでいいのか？　と僕は問いたい。

あの世界貿易センタービルに飛行機が飛び込んだ9・11以降、世界は変わった。いや、あれが象徴的な出来事だった。人類は〝否定〟から〝違い〟にシフトした。チェコスロヴァキアがチェコとスロヴァキアの二つの国になり、中東ではなんとか国としてまとまっていたのが、民族、宗教の〝違い〟に固執しバラバラになり、悲惨な殺戮《さつりく》のなか、多くの難民がヨーロッパに押し寄せている。世界の警察を自認していたアメリカにもはや統治する能力はなく、中国の目に余る身勝手な行動とその隙に世界を狙うロシア、世界は混迷をきわめている。

そんななかで日本は平和憲法を改定することもなく、集団的自衛権が発動できるようになった。この70年間、戦争で一人も死んでいない国はこの国だけかもしれないのに。それを国民の信も問わず、一内閣が勝手に決めるということは、もはや独善的と言わざるをえない。そんな国の若者はというと、最悪な「ゆとり教育」などで甘やかされ、ナンバーワンではなく、オンリーワンでいいという、ありえない体《てい》たらくのなかでぬくぬくと生きている（そういう曲があったがその曲のことではない、あくまで生き方の問題として）。もちろんナンバーワンになれと言っているのではなく、オンリーワン、そのままでいいよ、という甘えの構造が許せないのである。人間は未熟な生き物である。だから努力して1ステップずつ自分を高めていかなければならない。一つ知ることで世界が違って見えるからである。そのような子供たちを育ててしまったのは親の責任である。その親たちが自分の享楽、子供の教育と称するお受験に奔走するさまを見るにつけ（中国や韓国はもっとひどい）、この国はどこに行くのか？　と心から危惧する。原発問題もしかりである。こんなに地面が安定しない国で、しかも福島で懲りたはずなのにまた原発は再稼働している。日本はその原子力を使った大量破壊兵器で広島、長崎と2度にわたって地獄を見たはずなのに。懲りない、度《ど》し難い国なのである。人間は間違いをするものだという大前提を無視したこのような大企業中心の経済活動は我々を幸せにするのか？

話を戻して、音楽も混迷している。いつの時代も〝時代の語法〟があった。バロック、古典派、ロマン派、十二音音楽、セリー、トーン・クラスター、ミニマル・ミュージックなどそれぞれの時代にそれぞれの作曲の語法があった。むろんそれを否定する人、無視する人などさまざまだが、少なくとも時代をリードする語法はあったが、この21世紀にはない。多くの作曲家は自分の殻に閉じこもり、自分独自と思い込んでいる作風に執着している。これもオンリーワンである。そして聴衆不在の音楽（聴き手のことを考えない）が聴衆不在の場所（そういうものを好むいつも同じ面子《メンツ》はいるらしい）で粛々と行われている。だが、考えてみてほしい。モーツァルトだってベートーヴェンだって、もっと作曲は日常的な行為だったはずだ。生活の糧だったともいえる。それが作曲と社会が繋がる唯一の道なのである。だからモーツァルトに至ってはオーボエの協奏曲を別の楽器の協奏曲にすぐ手直ししたりする。時代が違うと言えばそれまでだが、絶対忘れてはいけないことがある。作曲したものはそれだけでは意味がなく、それを演奏する人がいて、聴き手がいなければ成立しないということである。聴き手は一人でも二人でもかまわない。聴いてもらうということが大切なのである。作曲という行為は単独では成立しない、このことを作曲家は肝に銘じなければならない。

一人の作曲家としてこの時代に何ができるのだろうか？　いつも自分に問うているのだが、答えは出ない。ただ言えることがある。

自分は作曲家である。まだ、はなはだ未熟で、作品の完成度は自分が満足するに至らず、日々精進して少しでも高みに登る努力をしているのだが、同時に今までの経験を活かし、現代の音楽（現代音楽ではなく）を紹介し、新しい新鮮な体験をする場を提供し、そして過去から現代、現代から未来に繋がる音楽がどういうものなのかを聴衆と分かち合い一緒に作っていきたい、そう考えている。

〈註〉

1 ズービン・メータ：1936～。インド生まれの指揮者。ニューヨーク・フィルなどの音楽監督をつとめ、81年からイスラエル・フィル管弦楽団の終身音楽監督。

2 ダリウス・ミヨー：1892～1974。フランスの作曲家。「フランス六人組」の一人。第二次世界大戦中、アメリカに亡命する。

3 アルフレート・シュニトケ：1934～98。ソビエト出身の作曲家。父はユダヤ人、母はドイツ人。ソ連当局の圧力下で「多様式」を模索した。90年にドイツに移住。

4 ジョージ・ガーシュウィン：1898～1937。アメリカの作曲家。20世紀のアメリカ音楽界の父と称された。《ラプソディー・イン・ブルー》《パリのアメリカ人》など。

5 スティーヴ・ライヒ：1936～。アメリカの作曲家。両親はドイツ系ユダヤ人。ミニマル・ミュージックのパイオニアの一人。代表作に《18人の音楽家のための音楽》。

6 アルトゥール・ルービンシュタイン：1887～1982。ポーランド生まれのピアニスト。批判を受けて技巧を磨き、名ピアニストに成長。第二次世界大戦後、アメリカの市民権を取得。

7 ヴラディーミル・ホロヴィッツ：1903～89。ウクライナ生まれのピアニスト。1944年、アメリカの市民権を取得。病後の65年、カーネギー・ホールで復帰リサイタルを行う。

8 ヴラディーミル・アシュケナージ：1937～。ソ連生まれのピアニスト・指揮者。72年、アイスランド国籍を取得。ロイヤル・フィルの首席指揮者、NHK交響楽団の音楽監督などを歴任。

9 ダニエル・バレンボイム：1942～。アルゼンチン生まれのピアニスト・指揮者。現在はイスラエルの国籍を取得。ワーグナー、リヒャルト・シュトラウスの演奏を得意とする。

10 ユーディ・メニューイン：1916～99。アメリカ生まれのヴァイオリニスト。27年のカーネギー・ホール出演で世界的名声を得た。59年、イギリスに移住。

11 イツァーク・パールマン：1945～。イスラエル生まれのヴァイオリニスト。アメリカに本拠を置く。ヴァイオリン協奏曲の名作のほとんどを録音している。

12 ギドン・クレーメル：1947～。ラトビア生まれのヴァイオリニスト。70年、チャイコフスキー国際コンクール優勝。ピアソラの作品なども取りあげる。

13 マルク・シャガール：1887～1985。ロシア生まれの画家。重力から解き放たれた人間や動物などを豊かな色彩で描いた。後半生をフランスで過ごす。

14 古典派：西洋音楽の時代区分のうち18世紀後半から19世紀初期の音楽で、ハイドン、モーツァルト、ベートーヴェンに代表される。

15 ロマン派：ロマン主義思想に連動するように生まれた音楽で、文学性と自由な形式が特徴。ベートーヴェン後期の19世紀初期から20世紀に入ってもその系譜は続いた。

16 後期ロマン派：リヒャルト・シュトラウスやマーラーに代表される音楽で、増大化した管弦楽や複雑化した和声などに特徴が見られる。

17 無調：調性を排除した音楽のことで、シェーンベルクやウェーベルンに代表される。

18 十二音音楽：1オクターヴの中の12音をすべて均等に扱う技法。

19 ラ・モンテ・ヤング：1935～。アメリカの作曲家。58年の《弦楽器のための三重奏曲》がミニマル・ミュージックの

20 発端ともいわれる。

21 テリー・ライリー：1935〜。アメリカの作曲家。64年の《In C》はミニマル・ミュージックの記念碑的作品とされる。

22 フィリップ・グラス：1937〜。アメリカの作曲家。インド音楽の影響を受ける。代表作に76年のオペラ《浜辺のアインシュタイン》。

23 マイケル・ナイマン：1944〜。イギリスの作曲家。映画監督グリーナウェイの作品の音楽などを担当。

24 チャールズ・アイヴズ：1874〜1954。アメリカの作曲家。実業家として活動し、余暇に作曲。アメリカの現代音楽の先駆者。

25 ブルーノ・ワルター：1876〜1962。ドイツ出身の指揮者。20世紀を代表する指揮者で、数多くの録音が残されている。

26 対位法：複数の独立した旋律を組み合わせて楽曲を構築する作曲技法。

27 無限旋律：明確な終始感のないまま展開していく旋律。ワーグナー作品に特徴的に見られる。

28 ブルックナー：1824〜96。オーストリアの作曲家。オルガン奏者として高い評価を得た。長大な交響曲で後期ロマン派に大きな位置を占める。

29 フェリーニ：1920〜93。イタリアの映画監督。『道』『甘い生活』『サテリコン』『フェリーニのアマルコルド』など。

30 パゾリーニ：1922〜75。イタリアの映画監督。『奇跡の丘』『アポロンの地獄』『テオレマ』『ソドムの市』など。

31 ポール・サイモン：1941〜。アメリカのシンガーソングライター。《サウンド・オブ・サイレンス》《明日に架ける橋》などを作詞・作曲。

32 デイヴ・グルーシン：1934〜。アメリカのピアニスト・作曲家。代表作に映画『コンドル』『恋におちて』『黄昏』のテーマ曲がある。

33 マイク・ニコルズ：1931〜2014。アメリカの映画監督。66年に『ヴァージニア・ウルフなんかこわくない』で監督デビューし、翌年『卒業』でアカデミー監督賞受賞。

34 渡辺貞夫：1933〜。ジャズ・アルト・サックス奏者。アメリカに留学後、日本のジャズ界を牽引。

35 アントン・ウェーベルン：1883〜1945。オーストリアの作曲家。シェーンベルクに師事し、緻密で構築的な無調作品を遺した。

36 倍音：ある振動体が発する音の中で、周波数が、基となる音の整数倍の関係にある音。

37 純正律：音階中の各音の音程関係を整数比にしたもの。和音が唸りのない響きになるが、音程間隔を固定にするとしわ寄せが生じるので実演は難しい。

38 平均律：オクターヴを十二等分にした音律。これにより転調や移調が可能になった。

39 教会旋法：西洋の中世およびルネサンス期の音楽に見られる旋法。グレゴリオ聖歌が集大成されるなかで組織化された。

40 長音階：音階のうち、第3音（ミ）と第4音（ファ）の間と、第7音（シ）と第8音（ド）の間が半音のもの。

41 短音階：音階のうち、第2音（レ）と第3音（ミ♭）の間と、第5音（ソ）と第6音（ラ♭）の間が半音のもの。

42 ピエール・ド・ラ・リュー：1452頃〜1518。フランドル楽派の作曲家。初めシエナ大聖堂の歌手を務め、のちスペインの宮廷で多くの作曲家と交流し、独自の様式を確立。

フランドル：ベルギー西部を中心に、オランダ南西部、フランス北東部にまたがる地域。

43　ポリフォニー音楽：複数の旋律線が同時にそれぞれ独立して動く音楽。

44　声部：ポリフォニー音楽の各旋律部のこと。また、合唱や合奏でそれぞれが受け持つパート。

45　ホモフォニー：主旋律の声部と伴奏の和音をなす声部からなる音楽形態。

46　クラウディオ・モンテヴェルディ：１５６７～１６４３。イタリアの作曲家。ルネサンスからバロックへの転換期に活躍し、バロック音楽の先駆けとされる。

47　オペラ《オルフェオ》のＤＶＤ：リセウ大歌劇場での２００２年の公演がＤＶＤ化されている（DENON COBO-6250）

48　機能和声：主和音を有する調性音楽において、音階上の各音を和音の機能によって説明しようとするもの。

49　対旋律：主旋律に対して、独立して動く他の旋律のこと。

50　ハイドン：１７３２～１８０９。オーストリアの作曲家。エステルハージ侯爵家の楽長として長年仕え、交響曲と弦楽四重奏曲の発展に貢献した。

51　武満徹：１９３０～96。作曲家。独学で作曲を学び、詩人や画家との交流の中で独自の響きをもつ作品を生み出した。代表作《ノヴェンバー・ステップス》など。

52　サイモン・ラトル：１９５５～。イギリスの指揮者。２００２年にベルリン・フィルの首席指揮者兼芸術監督に就任。

53　アーノンクール：１９２９～２０１６。オーストリアの指揮者。１９５３年に古楽器によるオーケストラを結成。バロック音楽を緻密な時代様式で蘇らせた。

54　トスカニーニ：１８６７～１９５７。イタリアの指揮者。ミラノ・スカラ座で音楽監督を務めた後、アメリカで活躍した。

55　ボロディン：１８３３～87。ロシアの作曲家。医学教育の合間に作曲に励み、情緒豊かな作品を書いた。18年をかけたオペラ《イーゴリ公》は未完。

56　フランツ・リスト：１８１１～86。ハンガリー生まれで、ヨーロッパの各地で活躍したピアニスト・作曲家。卓越したピアノの技巧を持ち、それは作品にも反映。

57　トリスタン・コード：ワーグナーが楽劇《トリスタンとイゾルデ》の冒頭で用いた特徴的な朦朧とした和音。

58　入野義朗：１９２１～80。作曲家。51年に日本で最初の十二音技法による作品《七つの楽器のための室内協奏曲》を作曲。

59　カール・リヒター：１９２６～81。ドイツの指揮者・オルガン奏者・チェンバロ奏者。劇的な表現でバッハ演奏に一時代を築いた。

60　トレヴァー・ピノック：１９４６～。イギリスのチェンバロ奏者・指揮者。73年に若い古楽奏者たちによる「イングリッシュ・コンサート」を創設。

61　Th.W.アドルノ：１９０３～69。ドイツの哲学者・社会学者であるが、音楽評論も行う。フランクフルト学派を代表する思想家。

62　セックス・ピストルズ：イギリスのパンク・ロックバンド。社会を辛辣に攻撃する歌で、70年代後半のロンドンを代表するバンド。

63　ルー・リード：１９４２～２０１３。アメリカのロック・ミュージシャン。挑戦的でありながら知性的な詞で大きな影響を与えた。

64　ボブ・ディラン：１９４１～。アメリカのミュージシャン。63年に《風に吹かれて》を発表し、フォーク界の英雄的存在に。

65　ルイジ・ノーノ：1924～90。イタリアの作曲家。電子音楽の主導的作曲家の一人で、セリー技法を駆使したミュージック・セリエルを確立した。

66　リゲティ：1923～2006。ハンガリー生まれのオーストリアの作曲家。高密度に音を集積したトーン・クラスターに特徴がある。

67　クセナキス：1922～2001。ルーマニア生まれのフランスの作曲家。建築家でもあった。テープ音楽、電子音響音楽などに取り組んだ。

V 創る

曲はいつ完成するのか？

このところ、宮崎駿さんの映画『風立ちぬ』に作曲した楽曲をコンサート用に書き直している。5月の初旬に台湾で2回、ベートーヴェンの交響曲第9番のコンサート（エヴァーグリーン交響楽団とウィーン国立歌劇場合唱団）を行うのだが、そのとき一緒に演奏するためのものだ。

実は年末に、東京と大阪で行った《第9》コンサートでも《風立ちぬ》は演奏している。それなのに何故《なぜ》もう一度書き直しをするかというと、今ひとつ気に入らなかった、しっくりこない、など要は腑《ふ》に落ちなかったからだ。これは演奏の問題ではなく（演奏者は素晴らしかった）、あくまで作品の構成あるいはオーケストレーションの問題だ。

昨年のときは映画のストーリーに即し、できるだけオリジナルスコアに忠実に約16分の組曲にしたのだが、やはり映画音楽はセリフや効果音との兼ね合いもあって、かなり薄いオーケストレーションになっている。まあ清涼な響きと言えなくもないけれど、なんだかこぢんまりしている。そこで今回、もう一度演奏するならストーリーの流れに関係なく音楽的に構成し、必要な音は総《すべ》て書くと決めて改訂版を作る作業を始めたのだが、なんと23分の楽曲になってしまった。そこで後に混乱しないようにタイトルも第2組曲とした。

まったく作品はいつまで経っても完成しない。それは映画音楽であろうとコンサートピースであろうと同じだ。いったい作曲家はいつその作品の作曲を終了するのか？　どこで完成したと判断するのだろうか？

僕の場合ははっきりしている。レコーディングかコンサートに間に合わせる、つまり締め切りがあるからそれまでに仕上げる。納得がいかなくともなんとかそれまでに帳尻を合わせる。そして気に入らなかったらまた次のチャンス（締め切り）に再度トライする。逆にいうと締め切りのないものはいつまでも完成しない。

では歴史に残る大作曲家たちはどうだったのか？　締め切り（当時のクラシックの場合はコンサート、または出版だった）を気にしない作曲家、つまり発注がなくとも書いたのはシューベルトとプーランク[1]くらいなのだが、締め切りに間に合わせた後も執拗《しつよう》に自作に手を入れた作曲家が多々いる。

マーラーが交響曲第5番を書き上げたとき、弟子のブルーノ・ワルター[2]（正確にはマーラーが見込んでオペラハウスに登用した）や妻のアルマが内声部の音が聞こえないと批判し、かなり落ち込みながらオケのリハーサルを通して絶えず書き換えを行った。

ちなみにボスであるマーラーにいろいろ意見するワルターの図式は日本にはない。皆上司の言うことは黙って聞くのが日本流なのだが、外国ではそれはない。意見を言わなければそこにいても意味がないと見なされるので、彼らははっきりと主張する。アルマに至っては作曲家志望だったのを無理矢理マーラーに断念させられたくらい音楽性も高かったので（後年それが災いしたかどうかわからないが若い建築家と恋愛に走った）、リハーサル前から総て暗譜し、内声部の処理やフィナーレのコラール、打楽器の使用に関しても鋭い批判を繰り返した。そんな奥さん大変〜と思うが、とにかく彼は書き直しに邁進《まいしん》した。

前にこの5番を振ったときにも感じたのだが、マーラーのスコアは書き込みが多い。表情記号だったり、言葉だったりやたら細かい。例えばほぼ全員が*ff*なのに、あるパートは*p*だったり、全員が*p*のときにファゴットが*f*だったりでかなり入り組んでいる。それは指揮者でもあるマーラーがオケのリハーサルをしながら書き込んだメモ書きまでが後の出版譜に反映されてしまったせいではないのか？　つまり作曲家の書くスコアと指揮者が演奏のために書き込む指示が混在していると思われる。現代の多くの指揮者はスコアをとても大切にしていて書き込みもシンプルできれいなのだが、マーラーのスコアだけは色鉛筆などを使い分けて、細かい指示がわかるように書き込んでいる。そうしなければならないほど入り組んでいるのだ。

だが、晩年の第9番の4楽章は極端に指示が減っている。それは生前演奏されなかったからだと僕は考える。もし演奏されていたらスコアの様相は一変していたはずだが、実はこのままでもオーケストラは素晴らしい演奏をするのだ。あのマーラーのメモ書きのような細かな指示は本当に必要なのだろうか？

他にもメンデルスゾーン、プッチーニ[※3]をはじめ、晩年になっても過去の作品に手を入れ続けた作曲家は枚挙にいとまない。

つまり作曲した作品は永遠に完成はしない。次の演奏するチャンスと時間があれば、おそらく大多数の作曲家は手を加えたくなるのだ、困ったことに！

作曲に終わりはない、チャンスがあれば何度でも手を加えたくなる、というようなことを書いたのだけれど、じゃあ手を加えたくなるスコアとか譜面は作曲に欠かせないものなのだろうか？

もちろん作曲という行為は音楽を作ることがすべてであって、どんなジャンルでもかまわないけれど、しっかりとしたコンセプトと作品にする！　という強い意志がないと書くことはできない。たまにちょっとしたアイデアが湧き、神様が降りてきたと思えるくらいに幸運な曲に仕上がることもあるが、それは1年に1度、いや数年に一度あるかないかの数少ないことであって、人生の大半を後悔と挫折に費やされる。少なくとも僕の場合は。

最初から全容が見えるようなコンセプトがあるわけではなく、地図もなく旅行プランもない旅をするような心もとない状態で作品に向かうことが多いのだが、その過程で何か、直感が摑んだ核心のようなものに遭遇するのをひたすら待つのである。

音楽を言葉にするのは難しい。特に作曲することについて書くことは、パンドラの箱を開けるようなもので、公になると魔法が解けてしまう。だから、できるだけ話さないようにしているのだが、今回は特別に早稲田大学の小沼純一さんと、腫れ物をさわるように対談することにした。

「今という時代のなかで、作曲するということ」

特別対談

小沼純一（早稲田大学教授）×久石 譲（作曲家）

こぬまじゅんいち：1959年東京生まれ。音楽を中心にしながら、文学、映画など他分野と音とのかかわりを探る批評を展開。現在、早稲田大学教授。音楽・文芸批評家。著書に『武満徹音・ことば・イメージ』『バカラック、ルグラン、ジョビン 愛すべき音楽家たちの贈り物』『ミニマル・ミュージック その展開と思考』『魅せられた身体 旅する音楽家コリン・マクフィーとその時代』『映画に耳を』『オーケストラ再入門』『音楽に自然を聴く』他多数。詩集に『しあわせ』『サイゴンのシド・チャリシー』ほか。編著に『武満徹エッセイ選』『高橋悠治対談選』『ジョン・ケージ著作選』『柴田南雄著作集』。NHK Eテレ『"スコラ" 坂本龍一音楽の学校』のゲスト講師としても出演。

◇作曲はどのように始まるのか

小沼 ここでは久石譲さんにとっての作曲について、いろいろお聞かせいただきたいと思います。まず、作曲にとりかかるときというのは、どんなふうに始まるのでしょうか。

久石 曲を書き始める段階では、実はまだ何も見えていないのです。依頼があって、交響曲を書かなければならない、あるいはこういう演奏会があるからそのための曲を書かなければならないなどの状況があって、具体的に動き始めます。

作曲家であればふつう、交響曲は何曲くらい書きたい、ヴァイオリン協奏曲やチェロ協奏曲、室内楽曲やピアノ曲なども書きたいと、いろいろ書きたいものを持っているのだと思うのですが、僕の場合は、具体的なイメージはあまりないのです。

たとえば去年、コントラバス協奏曲を書かないかという依頼があった。あっ、コントラバスか、たしかにこれはあまり書かれていない。なぜなら、絶対に書きにくいから。そこで自分がチャレンジして何ができるか考え、いけそうかなと漠然とでも思ったらとりあえず引き受けることにする。すると締め切りが出てくる。そこで逆算してスケジュールを組み立て、資料に当たったりしながら作り始めるのです。

そのとき、コントラバスのために書くのか、書きたいものがあって書くのか、という問題は絶えずあるわけです。そういう意味では、最初からコントラバス協奏曲が書きたいというより、コントラバスとオーケストラでどういう世界ができるのかを考え続けている。その根本的な問題と同時に、現実的な音についての対応も考えます。たとえば不協和音でいくのか、ミニマル・ミュージックのパターンでいくのか。でもミニマルではソロ楽器がある場合は書きにくいから、ベーシックはミニマルにして、少し外していくなどと。そんなふうに、わりと論理的に進めていくことが多いかもしれません。そしてある時期から法則が少しずつ見えてくるようになる。

小沼　はじめからシステマティックに作っていく作曲家もいますが、久石さんはそういう方法ではないのですね。まず核のようなものがあって、そこにいろいろ加わって、イメージが広がって曲ができていくということでしょうか。

久石　でも、その段階でなんとかシステムを組もうとします。

小沼　曲が育っていく間にシステムを組むということですか。

久石　やはり核になるアイデアが重要だと思うのです。コントラバス協奏曲の時は、4

度音程を基本として決めました。コントラバスという楽器は、高いほうからソ、レ、ラ、ミと4度の調弦です。4度の調弦に4度音程というのは演奏しにくいとも言われていますが、開放で弾けるというのと、もともと僕は4度をコンセプトにした曲を作ることが多いのもあり、4度でいこうと決めたのです。そして協奏曲は3楽章形式が多いので、3楽章でいくのか、それとも1楽章形式にするのかといった問題、さらに各楽章はどうするか大まかに考えるという具合に、同時にディテールも考えていきます。

◇音楽は時間の中に作っていくもの

小沼　多くのクラシック・ファンの人たちにとって、作曲というのはインスピレーションによってするものというイメージが強いのではないかと思います。たとえばロマン派のシューベルトには、食事中でも溢れてくるインスピレーションによって曲を書きとめたといったエピソードがあります。久石さんはインスピレーションをどのようにお考えですか。

久石　僕の場合は、たえず抱えているものが多いので、ひねり出すといった感じです

（笑）。ですが、書くものによって違います。コマーシャルや映画の場合、作品を書くとき……。インスピレーションというより、意外に気にしているのは長さです。30分の曲なのか、コマーシャルでは15秒が勝負です。たとえば映画が全体で2時間の長さとすると、音楽自体は40分くらい、沈黙も含めて2時間で構成することになります。音楽は時間の中に作っていくものだから、時間に対する感覚は非常に気にしています。

小沼　その時間の中で、あるテーマが沈黙を置いて現れるというのは大きな意味を持っているわけですよね。するとテーマ（主題）の作り方とか展開の仕方が重要になってくるかと思います。キャッチーだけど展開しにくいとか、展開はしやすいけどキャッチーではない、といったように。そういうところは意識されるのでしょうか。

久石　それはかなり意識します。音楽は構築していくものだから、思い浮かんだものを次々つなげていっても音の羅列にしかならない。それらを統一する要素は絶対必要になる。そのとき、それが音型やモティーフ（動機）だったりすると、明快だけれど古典的な方法になってしまう。十二音技法やセリーという方法を採る人もいるでしょうし、方法はいろいろですが、それがきちんと有機的な形になるか、聴き手に訴えるものになるのかが問題になります。モティーフでいくのか、コード（和音）でいくのか、リズムでいくのか、あるいは音色でいくのか。方法は人それぞれですが、それによってばらばらではないまとまり感を生み出す。単純に言ってしまえば、作曲という行為は、それをどう作っていくのかに終始するともいえます。

◇エンターテインメントの音楽はメロディーに特化

小沼　コマーシャルや映画などの、耳触りがよくキャッチーな音楽と、かならずしもそうではないクラシック音楽とは聴き方、聴かれ方が違うと思います。

久石　エンターテインメントの音楽は、ベーシックは娯楽です。一方でコンサート用の楽曲、僕らはそれを「作品」といいますが、それは娯楽を提供するというのと少し違っていて、作家が自分の考えている世界を表現しているのです。まず、音楽の3要素はメロディー、リズム、ハーモニーですが、そのうちエンターテインメントの音楽で突出するのはメロディーです。リズムが時間軸、ハーモニーが空間とすると、メロディーは記憶回路のようなもの。憶えやすいですから。昔は、JASRAC（日本音楽著作権協会）に楽曲の著作権申請をするとき、冒頭4小節のメロディーを書いて提出していたんです。

つまりリズムやハーモニーには著作権はないという考えなんです。エンターテインメントもメロディーに特化します。だからこそ、アレンジという概念が生まれる。ハーモニーをジャズっぽくしたり、リズムを変えたりして……。逆にクラシック作品では、最初からオーケストレーション（管弦楽化）されていますから、アレンジといっても大編成の曲を室内楽にしたり、ピアノ曲をオーケストラ曲にしたり、そこでハーモニーを思いっきり変えるということは通常ありえない。基本として、クラシックの世界ではアレンジという概念はなく、ポップスの世界は完璧にアレンジ中心なのです。これは大きな違いです。極端に言うと、エンターテインメントではメロディーさえあれば成り立ってしまうということ。

映画の音楽を依頼されるとき、泣かせるメロディーを、心にしみるメロディーをといった注文がよくあるのですが、すさまじいベートーヴェンの《第9》のような曲を、といった発注はまったくない（笑）。とにかくメロディーなのです。15秒のCMでもそういったことをいわれますから、15秒ではできませんよと答える。CMで、視聴者をぱっと振り向かせるにはどうすればいいのか。すると7秒で勝負しないといけない。後半は商品ロゴが入ってきますから、頭の7秒で、家事をしている主婦を振り向かせないといけない。そんなふうに、音楽の作り方は用途でまったく変わります。
メロディーに特化することでわかりやすさを持つエンターテインメント、娯楽の音楽の在り方と、音を構築することで自らの世界を表現する作品とは、当然違ってくる。ただし、本当はそれが同じ、というのが僕の理想です。アメリカの作曲家フィリップ・グラスさんはそれを実現されている。彼が音楽を担当した映画『めぐりあう時間たち』の方法論と、ピアノのエチュードの方法論は、まったくズレていない。それを理想にしているのですが、自分ではなかなかうまくいきません。

◇作品はひとつの生命体

小沼　エンターテインメントの音楽に対して、久石さんがおっしゃる「作品」というのは、初めがあって終わりがあり、ある種の構築性をもった楽曲のことと考えてよいのでしょうか。

久石　そうです。時間軸上に作る建築というか、新たな生命のようなものです。有機的に結合されると、それ自体が意志を持ちはじめる。作品は、ある程度のところまで行くと、こちらの意志とは関係なく勝手に動き出します。最初は自分のコントロールで動いていたものが、こうなったらこちらへ行くでしょうとなったときに、アウト・オブ・コントロール、制御不能の状態になる。

小沼　こっちだよ、と作品自身が言ってきますよね。

久石　そうそう、そこまで行き着くと、全体がかなり見えてきます。作品が生命を持つようになる。ホフスタッター[※4]が著書『ゲーデル、エッシャー、バッハ』で、生命の根源は何なのかを考察していたように思うのですが、生命のない物質から生命のある存在が生まれるように、単なる音を連ねていったらそこに生命のような強固なものができてくる。そうやって生まれたものは、作曲家の意志だけでできているとは思えないところがある。そこまで辿り着かないと、作品というのはできないのだと思います。

小沼　クリエーションという言葉は、神様が世界を作るということから、アーティストが作品を作ることにも使われるようになっています。そこには共通性があるわけです。だから、最近あちこちで耳にするクリエーターという言葉を、そう簡単に使ってほしくないなというのはあるのですが（笑）。作曲家がこれは作品なのだというとき、そこでクリエーションという言葉に込めている意味は重いとわたしは考えています。そこで作品は作品として生きているということでもあるわけで、しかも演奏されることでその度に生き返る、生きなおす。

久石　音楽が非常にうまくできていると思うのは、音を順番に選ぶだけなら誰にでもできる、でもそこにリズムが加わり、ハーモニーがつく。３つ次元が違うものが入ってくると、単なる三乗以上の、無限の可能性が出てくる。計算しようとしても、しつくせない世界があります。

◇音楽におけるイメージ

小沼　作品の全体がある程度見えてきたとき、曲のイメージというのがあるとすれば、その聴覚的イメージというのはどのようなものなのでしょうか。普通イメージというと視覚的なものですし、多くの人は音楽のイメージも視覚的なものとして捉えているように感じられるのですけれども。

久石　心象風景とでもいうのかな。うまく言葉にならないですね……。でも、それは曲ごとにあります。たとえば6弦のエレクトリック・ヴァイオリンを使った作品《室内交響曲》のときには、なんといったらいいのか……、例えばニューヨークの超危険な地域の、ダークサイドに落ちていくようなものが漠然とではありますが、たしかにあった。

小沼　ということは、映像的なものである以上に、時間と空間の広がりをもったもので、肌に感じるようなものですか。

久石　そうです。長野市芸術館のオープニングのために作った《TRI-AD《トライアド》》は、最初から祝典序曲という枠がありましたから、ファンファーレ的なものを書きたいと思い、明る躍動する何かをというのはありました。ただそれを言葉にするのはとても難しいです。

小沼　ポップスの人はしばしば、この曲はこういうイメージでと言葉で言うことがあります。むしろ、短い曲についてなら、語れるのかもしれないですね。

久石　ポップスというのは極論すればラヴ・ソングだと思うのです。家族愛や友人愛も含めて。ですから範囲がひどく限られている。言葉も限られる。逆に言うと、可哀想だなあとも思ってしまう。アルバム4、5枚作ったらネタが尽きてしまうのじゃないかって。その世界を広げようとすると、娯楽という枠からはみださざるを得なくなる。

小沼　そういうお話を伺うと、コンサートの作品とはずいぶん違うのだと改めて気づかされます。

久石　エンターテインメントの仕事の大きな違いは、発注されて作るという点で、個人では完結しないのです。コマーシャルの制作会社、映画会社、監督なりがいて、必ずしも自分がイニシアチヴを取れない環境下で作らねばならないのですから、きついですよ。自分がいいと思うものと、相手がいいとするものが決定的に違うというのが前提になりますから。そこで仕事をするためには、彼らを満足させつつ、自分も満足できるものものでなければならない。メロディー中心のシンプルなフィールドで勝負しなければならず、失敗は許されません。２回失敗したら、もう次の仕事は来なくなりますから。厳しい仕事ではありますが、その先に多くの聴き手の方たちがいるという点では燃える仕事です。

◇作曲を始めようとしたきっかけ

小沼　ところで、そもそも久石さんが作曲を始めようとしたのはいつ頃なのですか。

久石　中学生のときです。

小沼　なにかきっかけがあったのでしょうか。

久石　当時、ブラスバンドをやっていて、トランペットやサックスなど吹いていましたが、楽器はどれもうまかったですよ（笑）。そして、指揮もしていました。そんなとき、家に帰ってから夜中に、知っている曲をいろいろな楽器に割り振って譜面に起こし、翌日、みんなに演奏してもらったりしていました。それがうれしかった。僕は、演奏的なことよりも、作るほうにうれしさを感じるのだなと思った。作曲家になることは、中学時代に決めていました。

小沼　そのときの曲はどんなものでしたか。

久石　《ワシントン広場の夜は更けて》などのポップスやビートルズなどでしたね。

小沼　クラシックの特定の曲や作曲家が好きで、というわけではなかったのですか。

久石　中学時代はとにかく音楽が好きで、毎日楽器を鳴らしていましたし、それ以前にはヴァイオリンも弾いていたり、音楽以外のことはあまり考えていなかったですね。そして中学時代の終わりに、不協和音の音楽に出会ってショックを受けました。その頃から、黛《まゆずみ》敏郎《としろう》さん[※5]、三《み》善晃《よしあきら》さん[※6]、シュトックハウゼンたちの作品を聴くようになり、高校時代にはそれらの音楽に夢中になって、現代音楽の作曲家になるのだと思っていました。それと同時に、ジャズにも感化されて、マイルス・デイヴィス[※7]やジョン・コルトレーン[※8]も聴いていました。当時のジャズは、時代の空気というのか、どこか先鋭的でした。

小沼　もう曲は書いていましたか。

久石　書いていましたが、碌《ろく》なものではないです（笑）。調性は少し残っていても、不協和音で、音をひとつひとつ拾っていっては数小節で行き詰まったりの繰り返しでした。

小沼　音楽大学に入ってから、あまり学校には行かなかったと聞いていますが（笑）、ご自分の興味とアカデミックな授業にズレはありませんでしたか。

久石　びっくりするくらいズレていましたね。今思えば、よくサボるひどい学生だった。でも、当時、僕の頭の中はジョン・ケージやヤニス・クセナキスたちのことでいっぱいになっていましたから、クラシックをベースにした授業がつまらなかった。だから自分でいろいろ取り組んでいました。創作オペラを作曲したり、ウェーベルンやベルク[※9]の作品に手を加えて演奏したり、ほかの作曲家と一緒に作品を発表したり。そして大学3年の時にミニマル・ミュージックの作曲家テリー・ライリーの《A Rainbow in Curved Air》に出会う。その時の衝撃は、今でも鮮明に覚えています。

◇ミニマル・ミュージックが遺したもの

小沼　今、ミニマル・ミュージックについてどうお考えになっているのでしょうか。

久石　ミニマルが遺した功績は、二つあります。一つは技法としての反復。ミニマルはもう古いと言われながらも、ニコ・ミューリーなど今勢いのある30代や若手の作曲家にも繋がっているのは、その反復という技法があるからです。もう一つは曲の構造自体の変革。例えば京都の祇園祭の囃子《はやし》や、アフリカの民族音楽、バリ島のガムラン音楽のように、どこをとっても金太郎飴のような音楽の構造です。クラシカルな音楽の構造では、始まりがあって終わりがあるという形態ですが、それに対し、ミニマルは音が一つずつズレていって、一周したら、またはじめに戻る、延々と続くこともできる構造。一方で、人が生まれて終わりを迎えるというような構造は、単にクラシック音楽だけでなく、クセナキスのような、前衛といわれた作曲家の作品でも同じです。音が疎《まばら》であったり、密であったりしながら、音を構築していくものですから、始まりと終わりがあるという点では、構造自体は新しくない。その中のダイナミズムが曲の推進力になってしまう。日本の現代音楽でも同様です。でもミニマルはそれを変える可能性があった。ミニマルがこの二つを遺したことは偉大なことだったと思います。

小沼　それが他のジャンルと融合する可能性を開いた。ダンスであったり、映画であったり。ミニマル的なスタイル、反復的なものは、久石さんが音楽をお書きになった映画には何度もあらわれてきます。宮崎アニメもそうですが、北野武作品の『キッズ・リターン』などにも使われています。

久石　ミニマルの反復という技法は、大変シンプルな原理で、エンターテインメントの音楽でも積極的に使用していこうと思っています。そしてもうひとつ、メロディーも非常に大事だと考えています。20世紀以降の現代音楽は、メロディーラインから脱却することが、音を構築するうえで、生き延びる道だと思っていたわけです。でも僕が今、考えているのは、そのメロディーラインとミニマルをうまく合体させる道はないかということなのです。調性のあるきれいなメロディーのように、本来メロディーが持っている力と、ミニマル自体にあるリズムやハーモニー感を融合させることで、なにか新しい方法を生み出していければと考えています。

◇音楽と言葉の関係

小沼　音楽と言葉の関係については、どうお考えですか。

久石　人間ですから、まず言葉でものを考えます。一方で音楽を言葉で説明しようとしたとき、音というモワーッとしたものが、どんどん限定されていきます。たとえば、東京を皮肉ったブラックユーモアの曲を書こうとする。ガラパゴスのように閉鎖的な日本人で、世界の動きも気にせず、とりあえず日々楽しく生きて、他人は関係なく自分と家族と仲間たちだけを大切にしている生活を皮肉ったものとしたとき、もうそこでイメージ的にはできた気がする。ところがそれを音に置き換えようとすると、一切できない。具体的な音はないんですよ。作曲する際、はじめは言葉で考え、自分なりにテーマを決めていきます。震災や祈り、鎮魂など……。ある程度論理的に作曲を進めようとすると、言葉で追い詰めていくことになります。でもその段階では現実的な音との整合性はない。それをあるところで現実の音に切り替えないといけないのですが、そこを乗り越えるのに一番時間がかかります。

小沼　ある種の批評家は、スコアから逆に物語を作ってしまうことがあります。すると読み手はわかりやすいものだから、それに引きずられてわかったような気になってしまう。一方で、現代の作曲家の中には、自作についてきわめて詳細で複雑なプログラム・ノートを書く人もいます。それはそれで難しい言葉で説明するより、スコアを読めばわかるというような気もしてきますし、聴き手にしてみると余計にわかりづらいものになる。

久石　言葉に置き換えたものは、作曲家が表現したいことなのです。そして現実の音は、それができなかった結果です。言葉にしていることと、現実の音との間にギャップがあります。技術的なことならいいのですが、哲学的なことや、社会や歴史の中での自分の立ち位置になると、その音楽との整合性という点で、矛盾に思えることが多々あります。

小沼　そのギャップが少ない作曲家もいるでしょうし、どうしてもギャップが生まれるのだからと最初からプログラム・ノートは書かないという作曲家もいるわけですね。

久石　40分近い大作などの場合、いきなり聴いてもよくわからないということはたしかにあるでしょう。そういうときに、イメージを固定しない、わかりやすいガイドというのは有効です。でも説明しすぎてしまうケースも多いですね。

◇「締め切り力」の不思議

久石　ところで作家というのは、一旦これでいいと言っておきながら、心の中では、もっとないかもっとないかと絶えずよりよいものを追求しているものです。ほとんどの人が、締め切りの日まで諦めない。潔い作家なんていないのではないかと思っています。

小沼　私も締め切り過ぎないと本気にならないところがあります。「締め切り力」と言っています（笑）。

久石　たしかに、締め切り過ぎた頃になると本気モードになりますよね。

小沼　それまで何もやっていないわけではないのですが、できない。そして締め切り過ぎた頃のテンション、集中力でガーッといく。

久石　同じですね。

小沼　かつて、親しかった編集者に新人賞の締め切りに遅れて届いたものは受け入れるのかどうかきいたところ、その人は受け入れると言っていた。むしろぎりぎりまでやっていたものに、テンションの高いいいものがあることがあるとも。

久石　でも、本音としては締め切りは守りたいですよ（笑）。だからこそ、シューベルトやプーランクは締め切りなしで曲を書いていたというのが理解できない！　彼らは、音楽が浮かんできて書いた。モーツァルトの最後の３つの交響曲は、初演や出版の予定もないのに矢継ぎ早に書かれていますが、ロンドンへの進出を狙っていましたから。必ず目的があります。プーランクは、日曜日の心地いい時、こんな曲ができちゃった！という感じがするじゃないですか（笑）。あの屈託のなさはすごい。発表する当てもなく書けるというのは、本当に浮かんでいるんだなと、うらやましいです。

◇エンターテインメントの曲をオーケストラ用にする

小沼　アニメーション映画の仕事はいつからになりますか。

久石　『風の谷のナウシカ』の封切りが１９８４年ですから、作曲は１９８３年からでしょうか。

小沼　「ナウシカ」の仕事は、どういう経緯で入ってきたのですか。

久石　たまたま僕がソロ・アルバムを作ったレコード会社から、イメージ・アルバムを作ってみないかという話があって、それで宮崎駿さんとお会いすることになったのです。

小沼　実際に「ナウシカ」の音楽は、どのように作られましたか。

久石　たしか、初めにキーワードを貰ったのだと思います。「腐海《ふかい》」だとか……。そして映画の内容もよくわからないまま、スタジオに1ヶ月くらい籠って、毎日せっせと曲作りをしました。

小沼　あの頃、アニメーションの地位は今とはずいぶん違っていたと思うのです。もちろんいろいろなアニメ映画、たとえばロボット物などありましたが、エコロジカルなというか、社会的でもあるテーマの作品はあまりなかったという印象があります。あの作品から宮崎アニメが浮上してきて、それを久石さんの音楽がバックアップしていたという印象を抱いていました。ご本人としてはそういう意識はないですか。

久石　あまりなかったかもしれない。そうですね、いつかその辺のことはじっくりお話しすることもあるかと思いますが……。宮崎さんとのことを話すとなるときちんと話さないといけませんから、それだけで1冊の本になりますね（笑）。30年間やってきましたから。その間には、音楽の方法の変化もあります。作品を順番に観ていくと、どこからオーケストラを意識しはじめたのかもよくわかりますよ。

小沼　『ハウルの動く城』あたりからですか。

久石　『もののけ姫』からなのですよ。

小沼　一方で、Symphonic Poem《NAUSICAÄ》2015のように、宮崎アニメの中の曲をオーケストラ用のコンサート・ピースにしていますが、もともとエンターテインメント用の曲を、オーケストラの演奏会で演奏するということについてお聞かせください。

久石　たとえばバレエ音楽では、チャイコフスキーの《くるみ割り人形》のように、しばしば作曲家自身がそこから組曲を作っています。本来ならばバレエと一緒に演奏されるべきものを、音楽だけで聴ける作品

に再構築していますよね。同じような意味で、本来ならば映像のために作ったものではあるけれど、音楽単独だけできちんと聴ける楽曲に仕上げることに価値があると思って書き直しました。もし、また一から作曲しろと言われても、あのときの僕だからこそ書けたのであって、今同じものは二度と書けないと思います。終わったことは振り返らないと言いますか。ただ、若い人たちが、これをきっかけにオーケストラの音楽に慣れ親しんでもらえたらいいなという狙いももちろんあります。

◇今という時代の中で

小沼　今回、『クラシック・プレミアム』というクラシック音楽のシリーズに連載なさっていたわけですけれど、そこに登場した過去の作曲家たちに対して、現在、生の作曲家として意識なさるところはあったのでしょうか。

久石　ありますね。音楽大学の学生だった頃は、クラシック音楽を否定して、いわゆる前衛音楽ばかりをやっていました。当時の時代の空気なのでしょうね。既成概念だとか、既成の権威だとかを否定する。その対象にクラシック音楽も入っていました。その後、クラシック音楽の指揮も振り、作品を書くようになった今は、むしろクラシックとの強い繋がりを感じます。今はその延長線上に我々はいる、という認識に立って作品を書いています。作家は一人では何もできません。時代の流れやその空気、時代の語法だとか……。今の時代は混沌としています。21世紀はどんな時代なのか、それを探るヒントは過去の流れを辿ることにあると考えています。ただ、単に過去を見て書くのではなく、そこから今いる自分に戻らないといけない。その流れの中に今いるひとりでありたい、そこで書けるものをきちんと書いていきたいと思っています。

〈註〉

1 プーランク：1899～1963。フランスの作曲家。パリの裕福な家に生まれる。「フランス六人組」の一人。代表作に、オペラ《カルメル会修道女の対話》。

2 ブルーノ・ワルター：1876～1962。ドイツ生まれの指揮者。マーラーに師事し、《大地の歌》などを初演。その後、ナチスの迫害を受け渡米。

3 プッチーニ：1858～1924。イタリアのオペラ作曲家。代表作に《ラ・ボエーム》《トスカ》《蝶々夫人》《トゥーランドット》。

4 ホフスタッター：1945～。アメリカの認知科学者。79年に刊行した『ゲーデル、エッシャー、バッハ』は人工知能の問題を芸術の分野まで縦断しながら論じ、反響を呼んだ。

5 黛敏郎：1929～97。作曲家。ヨーロッパの前衛音楽をいちはやく取り入れたほか、梵鐘と読経の響きをオーケストラと男声合唱で表現した《涅槃交響曲》などがある。

6 三善晃：1933～2013。作曲家。フランスのアカデミズムを基盤にしながら自在なオーケストラ作品や瑞々しい声楽曲を発表。《レクイエム》《詩篇》《響紋》など。

7 マイルス・デイヴィス：1926～91。アメリカのジャズ・トランペット奏者。日本ではモダン・ジャズの帝王などとも称された。

8 ジョン・コルトレーン：1926～67。アメリカのジャズ・サックス奏者。さまざまな音楽ジャンルに関心を示し、ジャズを革新していった。

9 ベルク：1885～1935。オーストリアの作曲家。シェーンベルクに師事。無調によるオペラ《ヴォツェック》は初演で大成功を収めた。

参考文献

『ブーレーズ作曲家論選』ピエール・ブーレーズ　笠羽映子訳　ちくま学芸文庫
『逆立ち日本論』養老孟司、内田樹　新潮選書
『耳で考える――脳は名曲を欲する』養老孟司、久石譲　角川新書
『私家版・ユダヤ文化論』内田樹　文春新書
『アントン・ウェーベルン　その音楽を享受するために』アントン・ウェーベルン　竹内豊治編訳　法政大学出版局
『世界の終りとハードボイルド・ワンダーランド』村上春樹　新潮文庫
『新音楽の哲学』Th・W・アドルノ　龍村あや子訳　平凡社

おわりに

僕は作曲家である。

と、「はじめに」に書きました。そして作曲が天職であるとも書きました。まことにお花畑に陽が射したような前向きな生き方のように思われますが、実は続きがあります。陽と陰、物事はそれほど単純ではありません。

最大の歓びでもある作曲は、同時に最大の苦悩でもあります。書けないときの苦しさは本当に厳しい。何日も何日も音符一つ浮かばず（厳密には浮かぶのですがその音が違うという感覚。ベートーヴェンの第9の第4楽章の冒頭ではないですが、これは違う！　このことだけははっきり分かるのです）世界が終わったような絶望感に襲われ、世の中を呪いたくなります。仕事場に通う車の運転がかなりエキセントリックになったりします。つまり危険です。

何よりも報《こた》えるのは自分の存在が無意味に思えることです。

しかし何か閃きアイデアが浮かび、目指す方向が見えると世界が一変します。

まるで猟犬のようにその音（獲物）をとことん追いつめます。何日もの徹夜のあげく形になった歓びは、宝くじが全部当たることよりうれしい（買った事はないですが）心からの感動とはこのことだと実感します。僕はこのために生きている、そう確信する時でもあります。

そんな日々の中、「クラシックプレミアム」という雑誌に2年間隔週で連載しました。そしてその原稿を再構成したのがこの本です。

作曲の状況とは関係なく、2週間おきに襲ってくるこの原稿の締め切りは、当然現場を圧迫します。何日も寝ていない日の明け方にこの原稿を書くことが多かったのですが、入稿しなかったことは一度もなかったと思います、たぶん。

正直に言いますと連載の最初の方と中間部で指揮のことを書いている部分は、インタビューを編集者がまとめたものです。

本当は全編そうする予定でしたが、自分の考えをまとめるには話すだけでは無理だと判断して、残りのすべてを自分自身の手で書きました。いやパソコンに向かって打ち込みました。今どき、ほとんどのノンフィクションがインタビュー形式で作られているらしいのですが、その意味でも実際に自分で書いたことは、文章力は別として価値があると勝手に判断しています。

人間は言葉で考えます。作曲も構成など大半は言葉によって考えます。言葉に置き換えることであやふやな漠然とした思いがクリアになる。

その意味で、もう一度クラシック音楽に向き合おうとしているときに、この連載があったことは必然だった、と考えています。

そして今回それが小学館の河内真人さん、辛抱強く原稿を校正してくれた日本アート・センターの松村哲男さん、他の皆さんの度重なる推敲の上でスケールアップして単行本になりました。またミニマル・ミュージックや映画に詳しい早稲田大学教授の小沼純一さんとの対談も収められたことは望外の幸せです。

そしてここまで読んでいただいた読者の皆さん、ありがとうございます。「まえがき」と「あとがき」だけ読む人もいるらしいのですが、その人は除外します（笑）

今度はコンサートで会いましょう。

久石譲　音楽する日乗

発行日　2016年8月2日　初版　第1刷発行

著　者　久石 譲
発行者　伊藤礼子
発　行　株式会社　小学館
〒101-8001　東京都千代田区一ツ橋2-3-1
電話（編集）03-3230-5118
（販売）03-5281-3555
DTP　株式会社　昭和ブライト
印刷所　大日本印刷株式会社
製本所　株式会社　若林製本工場

ISBN978-4-09-388499-0

久石 譲(Joe Hisaishi)

1950年、長野県出身。国立音楽大学在学中よりミニマル・ミュージックに興味を持ち、現代音楽の作曲家として出発。

1984年の映画『風の谷のナウシカ』以降、『風立ちぬ』(2013)までの宮崎駿監督の全作品の音楽を担当。このほか、滝田洋二郎監督『おくりびと』(2008)、李相日監督『悪人』(2010)、山田洋次監督『小さいおうち』(2014)『家族はつらいよ』(2016)、高畑勲監督『かぐや姫の物語』(2013)、若松節朗監督『柘榴坂の仇討』(2014)など、国内外の数々の話題作の映画音楽を手掛ける。映画音楽においては、これまで8度にわたる日本アカデミー賞最優秀音楽賞をはじめ、海外でも数多くの賞を受賞。2001年には、映画監督として『Quartet カルテット』を製作。音楽・共同脚本も手掛け、日本初の音楽映画としてモントリオール映画祭のワールドシネマ部門正式招待作品に選ばれた。

2004年7月、新日本フィルハーモニー交響楽団と「新日本フィル・ワールド・ドリーム・オーケストラ」(W.D.O.)を結成し、音楽監督に就任。自身の演奏活動では、ピアノソロや室内楽、オーケストラなど様々なスタイルのコンサートを精力的に行う。近年はクラシックの指揮者としても国内外で精力的に活動するほか、現代音楽の作品を手掛けるなど、活動の場は多岐にわたる。また、2014年より久石のプロデュースによるミニマル・ミュージックやポストクラシカルといった最先端の"現代の音楽"を紹介するコンサート「Music Future」シリーズを始動し話題をよんだ。

「MKWAJU」(1981)から「The End of the World」(2016)まで「Minima_Rhythm」「Melodyphony」などを含む多数のソロアルバムを発表。

国立音楽大学招聘教授。2009年紫綬褒章受章。長野市芸術館・芸術監督。

公式サイト　http://joehisaishi.com/

ブックデザイン／亀井伸二(STORK)
撮影／五十嵐美弥(対談)
編集協力／日本アートセンター
協力／ワンダーシティ
制作／苅谷直子、長谷部安弘、後藤直之
販売／奥村浩一
宣伝／井本一郎
校正／小学館クォリティーセンター
編集／河内真人

久石 譲 主要作品リスト 1981–2016

※作品はすべて発表年順。リストに収録されていない作品もあります。また、アルバムは現在入手が難しいものもあります。

ソロアルバム／SOLO ALBUM

1981年 MKWAJU

1981.06.25 LP※廃盤／1981.08.21 CD 日本コロムビア

ムクワジュ組曲 ①ムクワジュ ②シャク・シャク ③レモア ④ティラ＝リン ⑤パルス・イン・マイ・マインド ⑥フラッシュ＝バック

1982年 INFORMATION

1982.10.25 LP※廃盤／1992.08.25 CD 徳間ジャパンコミュニケーションズ

①INFORMATION ②WONDER CITY ③POP UP SHAPE UP ④CHANGING ⑤AFRICAN MARKET ⑥HIGHWAY CRACKER ⑦INFORMATION ⑧ISLANDER

1985年 α-BET-CITY／アルファベット・シティ

1985.06.25 徳間ジャパンコミュニケーションズ

①SYNTAX ERROR ②α・BET・CITY ③SMILE OF ESCHER ④ROAD RUNNER ⑤VENUS & AFRICAN ⑥DA・MA・SHI・絵 ⑦CLUB DANCE ⑧LEMORE ⑨MÖBIUS LOVE ⑩DA・MA・SHI・絵

1986年 CURVED MUSIC

1986.09.25 POLYDOR

①A RING OF THE AIR ②THE WINTER REQUIEM ③WHITE SILENCE ④OUT OF TOWN ⑤A VIRGIN & THE PIPE-CUT MAN ⑥794BDH ⑦ZTD ⑧PÚFF ÁDDER ⑨A RAINBOW IN CURVED MUSIC ⑩SYNTAX ERROR II ⑪〝CLASSIC〟 ⑫FLOWER MOMENT ⑬月の砂漠の少女(歌劇〝真珠採り〟より)

1988年 Piano Stories

1988.07.21 NECアベニュー

1992.11.21 復刻盤 NECアベニュー／2000.12.06 Wonderland Records

①A Summer's Day ②Resphoina ③W Nocturne ④Lady of Spring ⑤The Wind Forest ⑥Dreamy Child ⑦Green Requiem ⑧The Twilight Shore ⑨Innocent ⑩Fantasia (for Nausicaä) ⑪A Summer's Day

illusion

1988.12.21 NECアベニュー／1992.11.21 復刻盤 NECアベニュー

①Zin-Zin ②Night City ③8½の風景画 ④風のHighway ⑤冬の旅人 ⑥オリエントへの曳航 ⑦ブレードランナーの彷徨 ⑧L'etranger ⑨少年の日の夕暮れ ⑩illusion

1989年 PRETENDER

1989.09.21 NECアベニュー／1992.12.21 復刻盤 NECアベニュー

①MEET ME TONIGHT ②TRUE SOMEBODY ③WONDER CITY ④HOLLY'S ISLAND ⑤MARIA ⑥MIDNIGHT CRUISING ⑦ALL DAY PRETENDER ⑧MANHATTAN STORY ⑨VIEW OF SILENCE

1991年 **I am**

1991.02.22　東芝EMI／2003.07.30　復刻盤　東芝EMI

①Deer's Wind (From Main Theme of "Kojika Story")　②On The Sunny Shore　③Venus　④Dream　⑤Modern Strings　⑥Tasmania Story　⑦伝言～Passing The Words　⑧Echoes　⑨Silencio de Parc Güell　⑩White Island

1992年 **My Lost City　HOMMAGE A Mr. SCOTT FITZGERALD**

1992.02.12　東芝EMI／2003.07.30　東芝EMI

①PROLOGUE　②DRIFTING IN THE CITY　③1920～AGE OF ILLUSION　④SOLITUDE～IN HER…　⑤TWO OF US　⑥JEALOUSY　⑦CAPE HOTEL　⑧MADNESS　⑨WINTER DREAMS　⑩TANGO X.T.C.　⑪MY LOST CITY

Symphonic Best Selection

1992.09.09　東芝EMI

「ナウシカ組曲」①風の伝説　②谷への道　③鳥の人　**「I am」より**④DREAM
「MY LOST CITY」⑤PROLOGUE～DRIFTING IN THE CITY　⑥1920～AGE OF ILLUSION　⑦SOLITUDE～IN HER…　⑧CAPE HOTEL～MADNESS　⑨冬の夢　⑩TANGO X.T.C.　**「MELODY FAIR」**⑪魔女の宅急便　⑫レスフィーナ　⑬天空の城ラピュタ　⑭タスマニア物語

1994年 **地上の楽園**

1994.07.27　パイオニアLDC

①The Dawn　②She's Dead　③さくらが咲いたよ　④HOPE　⑤MIRAGE　⑥季節風(Mistral)　⑦GRANADA　⑧THE WALTZ (For World's End)　⑨Lost Paradise　⑩Labyrinth of Eden　⑪ぴあの (English Version)

1995年 **MELODY Blvd.**

1995.01.25　パイオニアLDC

①I Believe In You　②Hush　③Lonely Dreamer　④Two Of Us　⑤I Stand Alone　⑥Girl　⑦Rosso Adriatico　⑧Piano (Re-Mix)　⑨Here We Are

1996年 **PIANO STORIES Ⅱ～The Wind of Life**

1996.10.25　POLYDOR

①Friends　②Sunday　③Asian Dream Song　④Angel Springs　⑤Kids Return　⑥Rain Garden　⑦Highlander　⑧White Night　⑨Les Aventuriers　⑩The Wind of Life

1997年 **WORKS・I**

1997.10.15　POLYDOR

①Symphonic Poem "NAUSICAÄ"　1.Part-Ⅰ　2.Part-Ⅱ　3.Part-Ⅲ (映画「風の谷のナウシカ」より)　②FOR YOU (映画「水の旅人ー侍kids」より)　③SONATINE (映画「Sonatine」より)　④TANGO X.T.C. (映画「はるか、ノスタルジィ」より)　⑤Two of Us (映画「ふたり」より)　⑥MADNESS (映画「紅の豚」より)　⑦SILENT LOVE (映画「あの夏、いちばん静かな海。」より)

1998年 **NOSTALGIA ～PIANO STORIES Ⅲ～**

1998.10.14　POLYDOR

①Nostalgia　②旅情　③Cinema Nostalgia　④il porco rosso　⑤Casanova　⑥太陽がいっぱい　⑦HANA-BI　⑧Nocturne　⑨バビロンの丘　⑩la pioggia

1999年　WORKS II Orchestra Nights
1999.09.22　POLYDOR
「交響組曲もののけ姫」より ①アシタカ𦻙《せっ》記《き》　②もののけ姫　③TA・TA・RI・GAMI　④アシタカとサン　⑤Nostalgia　⑥Cinema Nostalgia　⑦la pioggia　⑧HANA-BI　⑨Sonatine　⑩Tango X.T.C.　⑪Madness　⑫Friends　⑬Asian Dream Song

2000年　Shoot The Violist
2000.05.17　POLYDOR
①794 BDH　②KIDS RETURN　③DA・MA・SHI・絵　④DEAD Suite [d.e.a.d.]　⑤DEAD Suite [愛の歌]　⑥Two Of Us　⑦MKWAJU　⑧LEMORE　⑨TIRA-RIN　⑩Summer

2002年　ENCORE
2002.03.06　POLYDOR
①Summer（映画「菊次郎の夏」より）　②Hatsukoi(映画「はつ恋」より)　③One Summer's Day（映画「千と千尋の神隠し」より）　④The Sixth Station（映画「千と千尋の神隠し」より）　⑤Labyrinth of Eden(アルバム「地上の楽園」より)　⑥Ballade（映画「BROTHER」より）　⑦Silencio de Parc Güell（アルバム「I am」より）　⑧HANA-BI（映画「HANA-BI」より）　⑨Ashitaka and San（映画「もののけ姫」より）　⑩la pioggia（映画「時雨の記」より）　⑪Friends（アルバム「Piano Stories II」より）

SUPER ORCHESTRA NIGHT 2001
2002.07.26　Wonderland Records
「千と千尋の神隠し」組曲 ①あの夏へ　②竜の少年〜底なし穴　③6番目の駅　④ふたたび　**「Quartet」より** ⑤Black Wall　⑥Student Quartet　⑦Quartet Main Theme
「BROTHER」より ⑧Drifter...in LAX　⑨Wipe Out　⑩Raging Men　⑪Ballade
「Le Petit Poucet」より ⑫Le Petit Poucet Main Theme　**「Kids Return」より** ⑬Kids Return 2001

2003年　CURVED MUSIC II　CM Tracks of JOE HISAISHI
2003.01.29　UNIVERSAL
①Asian Dream Song —TOYOTAカローラ—　②Happin' Hoppin' —キリンビール一番搾り　おんたまくんたま編—　③Happin' Hoppin' —キリンビール一番搾り　春だこ編—　④Happin' Hoppin' —キリンビール一番搾り　樽生編—　⑤Happin' Hoppin' —キリンビール一番搾り　ゴーヤー編—　⑥Happin' Hoppin' —キリンビール一番搾り　毬花編—　⑦Ballet au lait —全国牛乳普及協会—　⑧Summer (guitar version) —TOYOTAカローラスパシオ—　⑨Summer 映画『菊次郎の夏』より —TOYOTAカローラ—　⑩Silence (short version) —DUNLOP VEURO—

2003年　ETUDE 〜 a Wish to the Moon 〜
2003.03.12　UNIVERSAL
①Silence　②Bolero　③Choral　④MoonLight　⑤MONOCHROMATIC　⑥月に憑かれた男　⑦impossible Dream　⑧夢の星空　⑨Dawn Flight　⑩a Wish to the Moon

空想美術館 ~2003 LIVE BEST~
2003.10.22　UNIVERSAL
①Musée imaginaire(Orchestra Ver.)　②Summer　③MIBU　④Moonlight Serenade　⑤Silence　⑥月に憑かれた男　⑦夢の星空　⑧Bolero　⑨a Wish to the Moon　⑩KIKI　⑪谷への道　⑫Musée imaginaire(9 Cellos Ver.)

2004年　**PRIVATE　プライベート**

2004.01.21　Wonderland Records

①Nightmoves　②MEET ME TONIGHT　③Brain & Mind　④風のHighway　⑤Night City　⑥冬の旅人　⑦MARIA　⑧WONDER CITY　⑨ブレードランナーの彷徨　⑩少年の日の夕暮れ　⑪草の想い　⑫小さな写真

WORLD DREAMS ／久石 譲 & 新日本フィル・ワールド・ドリーム・オーケストラ

2004.06.24　UNIVERSAL SIGMA

①World Dreams　②天空の城ラピュタ　③007 Rhapsody　④The Pink Panther　⑤風のささやき　⑥Ironside　⑦China Town　⑧Raging Men　⑨HANA-BI　⑩Mission Impossible　⑪Cave Of Mind

2005年　**FREEDOM PIANO STORIES 4**

2005.01.26　UNIVERSAL SIGMA

①人生のメリーゴーランド（映画「ハウルの動く城」メインテーマ）　②Ikaros（Tohato「キャラメルコーン」CMソング）　③Spring（Benesse「進研ゼミ」CMソング）　④Fragile Dream　⑤Oriental Wind（サントリー緑茶「伊右衛門」CMソング）　⑥Legend（MBS「美の京都遺産」テーマソング）　⑦Lost Sheep on the bed　⑧Constriction　⑨Birthday

WORKS Ⅲ

2005.07.27　UNIVERSAL SIGMA

①Oriental Wind ～for Orchestra～　②Symphonic Variation「Merry-go-round」 **DEAD** for Strings, Perc., Harpe and Piano ③01. D.e.a.d　④02. The Abyss ～深淵を臨く者は‥‥～　⑤03. 死の巡礼　⑥04. 復活 ～愛の歌～
Keaton's「THE GENERAL」⑦01. Movement 1　⑧02. Movement 2　⑨03. Movement 3　⑩04. Movement 4　⑪05. Movement 5

パリのアメリカ人／久石 譲＆新日本フィル・ワールド・ドリーム・オーケストラ

2005.11.30　UNIVERSAL SIGMA

①パリのアメリカ人　②男と女　③ユード・ビー・ソー・ナイス・トゥ・カム・ホーム・トゥ　④ロシュフォールの恋人たち　⑤Le Petit Poucet　⑥夜も昼も　⑦ビギン・ザ・ビギン　⑧ラスト・タンゴ・イン・パリ　⑨ソー・イン・ラヴ　⑩太陽がいっぱい　⑪シェルブールの雨傘　⑫白い恋人たち

2006年　**RAKUEN / MALDIVES**

2006.04.26　Wonderland Records

①RAKUEN　②MALÉ ATOLL　③TROPICAL WIND -a palm-　④SILENT FISH　⑤WALKIN' TO THE MALDIVES　⑥MIRAGE　⑦TROPICAL WIND　⑧EVENING SERENADE　⑨RAKUEN SUNSET

THE BEST COLLECTION persented by Wonderland Records

2006.06.07　UNIVERSAL SIGMA

①A Summer's Day　②Resphoina　③Silent Love　④Clifside Waltz　⑤風の時間　⑥少女のままで　⑦出会い ～追憶のX.T.C.～　⑧VIEW OF SILENCE　⑨あの夏へ　⑩6番目の駅　⑪風の伝説「風の谷のナウシカ」組曲（改訂版）から　⑫For You　⑬Fragile Dream　⑭さくらが咲いたよ　⑮彷徨　⑯風の盆

2006年　**Asian X.T.C.**

2006.10.04　UNIVERSAL SIGMA

陽side [Pop side] ①Asian X.T.C.　②Welcome to Dongmakgol（韓国映画「トンマッコルへようこそ」）　③Venuses（カネボウ「いち髪」CMソング）　④The Post Modern Life（中国映画「おばさんのポストモダン生活」主題曲）　⑤A Chinese Tall Story（香港映画「A Chinese Tall Story」主題曲）　⑥Zai-Jian

陰side [Minimal side] ⑦Asian Crisis（NHK「名曲の旅・世界遺産コンサート」書き下ろし曲）　⑧Hurly-Burly　⑨Monkey Forest　⑩Dawn of Asia

付録 ⑪Woman ～Next Stage～（レリアンCMソング）

真夏の夜の悪夢／久石 譲＆新日本フィル・ワールド・ドリーム・オーケストラ

2006.12.20　UNIVERSAL SIGMA

①カルミナ・ブラーナ「おお、運命の女神よ」/カール・オルフ　②プレリュード 映画『サイコ』より/バーナード・ハーマン　③ジ・オーケストラ・チューブラー・ベルズ・パート1 映画『エクソシスト』より/マイク・オールドフィールド　④映画『殺しのドレス』よりテーマ曲/ピノ・ドナジオ　⑤レクイエム「怒りの日」/ジュゼッペ・ヴェルディ　⑥操り人形の葬送行進曲/シャルル・フランソワ・グノー　⑦「もののけ姫」組曲/久石 譲　⑧カルミナ・ブラーナ「アヴェ、この上なく姿美しい女」～「おお、運命の女神よ」/カール・オルフ　⑨アヴェ・マリア/ジュリオ・カッチーニ　⑩YAMATO組曲 第一楽章/久石 譲　⑪YAMATO組曲 第二楽章、第三楽章/久石 譲　⑫YAMATO組曲 第四楽章/久石 譲　⑬YAMATO組曲 第五楽章/久石 譲

2007年　**W.D.O.BEST／久石 譲＆新日本フィル・ワールド・ドリーム・オーケストラ**

2007.06.20　UNIVERSAL SIGMA　【初回限定盤】【通常盤】

①World Dreams　②パリのアメリカ人　③男と女　④白い恋人たち　⑤風のささやき　⑥ロシュフォールの恋人たち　⑦The Pink Panther　⑧China Town　⑨Ironside　⑩映画『殺しのドレス』よりテーマ曲　⑪シェルブールの雨傘　⑫Mission Impossible　⑬アヴェ・マリア

bonus track ⑭Waltz Ⅱ Suite For Jazz Orchestra No.2（未発表音源）

【初回限定盤DVD】①天空の城ラピュタ　②Raging Men　映画『BROTHER』より　③HANA-BI　映画『HANA-BI』より　④ロミオとジュリエット

2008年　**Piano Sotories Best '88-'08**

2008.04.16　UNIVERSAL SIGMA

①The Wind of Life　②Ikaros –2008 Remix–（東ハト「キャラメルコーン」CMソング）　③HANA-BI（映画「HANA-BI」より）　④Fantasia（for NAUSICAÄ）（映画「風の谷のナウシカ」より）　⑤Oriental Wind –2008 Remix–（サントリー緑茶「伊右衛門」CMソング）　⑥Innocent（映画「天空の城ラピュタ」より）　⑦Angel Springs（サントリー「山崎」CMソング）　⑧il porco rosso（映画「紅の豚」より）　⑨The Wind Forest（映画「となりのトトロ」より）　⑩Cinema Nostalgia（日本テレビ系「金曜ロードショー」オープニングテーマ）　⑪Kids Return（映画「キッズ・リターン」より）　⑫A Summer's Day　⑬人生のメリーゴーランド –Piano Solo Ver.–（映画「ハウルの動く城」より）

2009年　**Another Piano Stories ～The End of the World ～**
2009.02.18　UNIVERSAL SIGMA　【初回限定盤(CD+DVD)】【通常盤】
【CD】①Woman (「レリアン」CMソング)　②Love Theme of Taewangsashingi (韓国ドラマ「太王四神記」より)　③Les Aventuriers
Departures ④Prologue ～ Theme　⑤Prayer　⑥Theme of Departures (映画「おくりびと」より)
⑦Ponyo on the Cliff by the Sea (映画「崖の上のポニョ」より)　⑧Destiny of Us (from Musical Turandot) (祝祭音楽劇「トゥーランドット」より)
The End of the World ⑨Ⅰ.Collapse　⑩Ⅱ.Grace of the St. Paul　⑪Ⅲ.Beyond the World　⑫Ⅳ.The End of the World
Bonus Tracks　⑬I'd rather be a Shellfish (映画「私は貝になりたい」より)　⑭I will be (日産「スカイライン」CMソング)
【初回限定盤DVD】「Another Piano Stories ～The End of the World ～」レコーディング映像　①The End of the World ～Ⅰ.Collapse～　②Woman　③Departures ～Theme of Departures～　④Ponyo on the Cliff by the Sea　⑤Oriental Wind　⑥久石譲 Interview

Minima_Rhythm　ミニマリズム
2009.08.12　UNIVERSAL SIGMA　【初回限定盤(CD+DVD)】【通常盤】
【CD】①Links　**Sinfonia for Chamber Orchestra**　②Ⅰ.Pulsation　③Ⅱ.Fugue　④Ⅲ.Divertimento　⑤MKWAJU 1981-2009　The End of the World　⑥Ⅰ.Collapse　⑦Ⅱ.Grace of the St. Paul　⑧Ⅲ.Beyond the World　⑨DA・MA・SHI・絵
【初回限定盤DVD】Minima_Rhythm Recording Video　①MKWAJU 1981-2009　②The End of the World Ⅲ.Beyond the World　③Interview

2010年　**Melodyphony**
2010.10.27　UNIVERSAL SIGMA　【初回限定盤B (CD+DVD)】【通常盤CD】
【Melodyphony】①Water Traveller (映画「水の旅人」メインテーマ)　②Oriental Wind (サントリー「伊右衛門」CM)　③Kiki's Delivery Service (映画「魔女の宅急便」より「海の見える街」)　④Saka No Ue No Kumo (NHKスペシャルドラマ「坂の上の雲」より)
⑤Departures (映画「おくりびと」より)　⑥Summer (映画「菊次郎の夏」メインテーマ/トヨタカローラCM)　⑦Orbis (サントリー「1万人の第九」委嘱作品)　⑧One Summer's Day (映画「千と千尋の神隠し」より「あの夏へ」)　⑨My Neighbour TOTORO (映画「となりのトトロ」より「となりのトトロ」)
【Special DVD】Melodyphony Recording Video ①Departures　②One Summer's Day　③Kiki's Delivery Service　④Interview
Minima_Rhythm Recording Video ①MKWAJU 1981-2009
②The End of the World Ⅲ.Beyond the World　③Interview

Best of JOE HISAISHI　Melodyphony + Minima_Rhythm ／London Symphony Orchestra
2010.10.27　UNIVERSAL SIGMA　【初回限定盤A (2CD+DVD)】
【Melodyphony】①Water Traveller　②Oriental Wind　③Kiki's Delivery Service　④Saka No Ue No Kumo　⑤Departures　⑥Summer　⑦Orbis　⑧One Summer's Day　⑨My Neighbour TOTORO
【Minima_Rhythm】①Links　**Sinfonia for Chamber Orchestra**　②Ⅰ.Pulsation　③Ⅱ.Fugue　④Ⅲ.Divertimento　⑤MKWAJU 1981-2009　The End of the World　⑥Ⅰ.Collapse　⑦Ⅱ.Grace of the St. Paul　⑧Ⅲ.Beyond the World　⑨DA・MA・SHI・絵

Special DVD【Melodyphony Recording Video】①Departures ②One Summer's Day
③Kiki's Delivery Service ④Interview
【Minima_Rhythm Recoreding Video】①MKWAJU 1981-2009 ②The End of the World
III.Beyond the World ③Interview

2012年 **Vermeer & Escher フェルメール&エッシャー**
2012.02.15 Wonderland Records
Side Ver. ①Sense of the Light ②Circus ③A View of the River ④Blue and Eyes
⑤Vertical Lateral Thinking ⑥Muse-um
Side Esc. ⑦Trees ⑧Encounter ⑨Phosphorescent Sea ⑩Metamorphosis
⑪Other World

2014年 **WORKS Ⅳ -Dream of W.D.O.-**
2014.10.08 UNIVERSAL SIGMA
バラライカ、バヤン、ギターと小オーケストラのための**「風立ちぬ」第2組曲**①旅路(夢中飛行)〜菜穂子(出会い) ②カプローニ(設計家の夢) ③隼班〜隼 ④旅路(結婚)
⑤避難 ⑥菜穂子(会いたくて)〜カストルプ(魔の山) ⑦菜穂子(めぐりあい)
⑧旅路(夢の王国) ⑨Kiki's Delivery Service for Orchestra(2014) ⑩ヴァイオリンとオーケストラのための「私は貝になりたい」 **交響幻想曲「かぐや姫の物語」**⑪はじまり〜月の不思議 ⑫生きる喜び〜春のめぐり ⑬絶望 ⑭飛翔 ⑮天人の音楽〜別離(わかれ)〜月 ⑯小さいおうち

2015年 **Minima_Rhythm Ⅱ ミニマリズム 2**
2015.08.05 UNIVERSAL SIGMA
①祈りのうた for Piano (2015) ②Shaking Anxiety and Dreamy Globe for 2 Marimbas (2012-2014) ③Single Track Music 1 for 4 Saxophones and Percussion (2014-2015)
④WAVE (2009)
String Quartet No.1 (2014) ⑤Ⅰ. Encounter ⑥Ⅱ. Phosphorescent Sea ⑦Ⅲ. Metamorphosis ⑧Ⅳ. Other World

2016年 **The End of the World/久石 譲&新日本フィル・ワールド・ドリーム・オーケストラ**
2016.07.13 UNIVERSAL SIGMA CD
2016.07.27 UNIVERSAL SIGMA LP
【CD】**Disc 1** ①祈りのうた –Homage to Henryk Górecki– **The End of the World** for Vocalists and Orchestra ②Ⅰ. Collapse ③Ⅱ. Grace of the St.Paul ④Ⅲ. D.e.a.d
⑤Ⅳ. Beyond the World ⑥The Recomposed by Joe Hisaishi End of the World
Disc 2 紅の豚①il porco rosso ②Madness ③Dream More ④Symphonic Poem NAUSICAÄ 2015 ⑤Your Story 2015 ⑥World Dreams for Mixed Chorus and Orchestra
【LP】**Side A** ①祈りのうた -Homage to Henrik Górecki- **The End of the World** for Vocalists and Orchestra ②Ⅰ. Collapse ③Ⅱ. Grace of the St. Paul
Side B The End of the World for Vocalists and Orchestra ①Ⅲ. D.e.a.d ②Ⅳ. Beyond the World ③Recomposed by Joe Hisaishi The End of the World
Side C ①Symphonic Poem NAUSICAÄ 2015
Side D 紅の豚①il porco rosso ②Madness ③Dream More ④Your Story 2015
⑤World Dreams

「JOE HISAISHI CLASSICS」シリーズ

2010年　JOE HISAISHI CLASSICS ①

ドヴォルザーク　交響曲第9番／シューベルト 交響曲第7番

2010.07.28　Wonderland Records

ドヴォルザーク 交響曲第9番 ホ短調 作品95「新世界より」

① I. Adagio-Allegro molto　② II. Largo　③ III. Scherzo. Molto vivace
④ IV. Allegro con fuoco

シューベルト 交響曲第7番 ロ短調 D.759「未完成」

⑤ I. Allegro moderato　⑥ II. Andante con moto

JOE HISAISHI CLASSICS ②

ブラームス 交響曲第1番／モーツァルト 交響曲第40番

2010.09.01　Wonderland Records

ブラームス 交響曲第1番 ハ短調 作品68

① I. Un poco sostenuto-Allegro　② II. Andante sostenuto　③ III. Un poco allegretto e grazioso　④ IV. Adagio-Più andante-Allegro non troppo, ma con brio

モーツァルト 交響曲第40番 ト短調 K.550

⑤ I. Molto allegro　⑥ II. Andante　⑦ III. Menuetto: Allegretto　⑧ IV. Finale: Allegro assai

2011年　JOE HISAISHI CLASSICS ③

チャイコフスキー くるみ割り人形／ストラヴィンスキー 火の鳥

2011.08.03　Wonderland Records

①Rossini William Tell Overture ロッシーニ 歌劇『ウィリアム・テル』序曲

チャイコフスキー バレエ組曲『くるみ割り人形』作品71a

②Overture Miniature 小序曲　③March 行進曲　④Dance of the Sugar Plum Fairy こんぺい糖の精の踊り　⑤Russian Dance (Trepak) ロシア舞曲（トレパーク）　⑥Arabian Dance アラビアの踊り　⑦Chinese Dance 中国の踊り　⑧Dance of the Mirlitons あし笛の踊り　⑨Waltz of the Flowers 花のワルツ

ストラヴィンスキー バレエ組曲『火の鳥』1919年版

⑩Introduction 序奏　⑪The Firebird and Its Dance/Variation Of The Firebird 火の鳥のその踊り/火の鳥のヴァリアシオン　⑫The Princesses' Rondo 王女たちのロンド（ホロヴォード）　⑬Infernal Dance Of King Kashchei 魔王カスチェイの凶暴な踊り　⑭Lullaby 子守歌　⑮Finale 終曲　⑯Ravel Pavane for a Dead Princess ラヴェル 亡き女王のためのパヴァーヌ

2011年　JOE HISAISHI CLASSICS ④

藤澤守 フィフスディメンション／ベートーヴェン交響曲第5番・第7番

2011.09.07　Wonderland Records

①Mamoru Fujisawa 5th Dimension 藤澤守 フィフス ディメンション

ベートーヴェン 交響曲第5番 ハ短調 作品67「運命」

② I. Allegro con brio　③ II. Andante con moto　④ III. Allegro　⑤ IV. Allegro

ベートーヴェン 交響曲第7番 イ長調 作品92

⑥ I. Poco sostenuto-Vivace　⑦ II. Allegretto　⑧ III. Presto-Assai meno presto　⑨ IV. Allegro con brio

オリジナル・サウンドトラック／イメージアルバム
ORIGINAL SOUND TRACK / IMAGE ALBUM

1983年

「風の谷のナウシカ」イメージアルバム　鳥の人…

1983.11.25　LP/カセット※共に廃盤
1985.06.25　CD　徳間ジャパンコミュニケーションズ
①風の伝説　②はるかな地へ…(～ナウシカのテーマ～)　③メーヴェ　④巨神兵～トルメキア軍～クシャナ殿下　⑤腐海　⑥王蟲　⑦土鬼軍の逆襲　⑧戦闘　⑨谷への道　⑩遠い日々(～ナウシカのテーマ～)　⑪鳥の人(～ナウシカのテーマ～)

1984年

「風の谷のナウシカ」シンフォニー　風の伝説

1984.02.25　LP/カセット※共に廃盤
1984.05.25　CD　徳間ジャパンコミュニケーションズ
①風の伝説　②戦闘　③はるかな地へ…　④腐海　⑤メーヴェ　⑥巨神兵～トルメキア軍～クシャナ殿下　⑦風の谷のナウシカ　⑧遠い日々　⑨谷への道

「風の谷のナウシカ」サウンドトラック　はるかな地へ…

1984.03.25　LP/カセット※共に廃盤
1984.06.25　徳間ジャパンコミュニケーションズ
①「風の谷のナウシカ」～オープニング～　②王蟲の暴走　③風の谷　④虫愛ずる姫　⑤クシャナの侵略　⑥戦闘　⑦王蟲との交流　⑧腐海にて　⑨ペジテの全滅　⑩メーヴェとコルベットの戦い　⑪蘇る巨神兵　⑫ナウシカ・レクイエム　⑬「鳥の人」～エンディング～

Wの悲劇　オリジナル・サウンドトラック

1984.12.21／復刻盤　1998.07.25　VOLCANO
①プロローグ　②野外ステージ　③冬のバラ(歌：薬師丸ひろ子)　④女優志願　⑤劇団「海」　⑥Wの悲劇　⑦Woman～Wの悲劇～より(歌:薬師丸ひろ子)　⑧危険な台詞　⑨静香と摩子　⑩a.ジムノペディ第1番　b.レクイエム　c.サンクトゥス　d.カーテンコールI　⑪カーテンコールII

吉祥天女　イメージアルバム

1984.12.21／復刻盤　2000.04.26　徳間ジャパンコミュニケーションズ
①天女伝説　②叶小夜子　③遠野涼　④天女飛翔　⑤遠野暁　⑥魔性の女　⑦血の抗争　⑧小夜子と涼　⑨予感　⑩転生

1985年

「アリオン」イメージアルバム ～風・荒野～

1985.10.25　徳間ジャパンコミュニケーションズ
①前奏曲《プレリュード》　②風・荒野(メイン・テーマ)　③セネカ　④海の軍団　⑤運命《さだめ》の糸　⑥魔宮　⑦レスフィーナ　⑧輝く大地―土と祭り―　⑨輝く大地―オリンポスへ―　⑩風・荒野(エンディング・テーマ)

1986年

「アリオン」サウンドトラック ―青春の彷徨―

1986.03.25／復刻盤　1996.01.25　徳間ジャパンコミュニケーションズ
①地底王ハデス～メインテーマ　②アテナとアポロン～セネカ　③アリオン・メインテーマ　④戦闘　⑤レスフィーナ～想い(歌/高橋美紀)　⑥プロメテウス～海蝕洞　⑦ポセイドン　⑧初陣　⑨宿命・ハデス～ポセイドンの死　⑩オリンポスへ　⑪テュポーン　⑫大母神ガイア～アポロン　⑬レスフィーナとアリオン　⑭ペガサスの少女(歌/後藤恭子)

1986年　**交響組曲「アリオン」**

1986.04.25　徳間ジャパンコミュニケーションズ

①第一章　②第二章　③第三章　④第四章〈レスフィーナの唄〉　⑤第五章　⑥第六章

「天空の城ラピュタ」イメージアルバム　空から降ってきた少女

1986.05.25　LP/カセット※共に廃盤

1986.05.25　CD　徳間ジャパンコミュニケーションズ

①天空の城ラピュタ　②ハトと少年　③鉱夫　④飛行石　⑤ドーラ　⑥シータとパズー　⑦大樹　⑧フラップター　⑨竜の穴　⑩ティディスの要塞　⑪シータとパズー　⑫失われた楽園

「天空の城ラピュタ」サウンドトラック　飛行石の謎

1986.08.15　LP/カセット※共に廃盤

1986.09.25　CD　徳間ジャパンコミュニケーションズ

①空から降ってきた少女　②スラッグ渓谷の朝　③愉快なケンカ(〜追跡)　④ゴンドアの思い出　⑤失意のパズー　⑥ロボット兵(復活〜救出)　⑦合唱 君をのせて(合唱/杉並児童合唱団)　⑧シータの決意　⑨タイガーモス号にて　⑩破滅への予兆　⑪月光の雲海　⑫天空の城ラピュタ　⑬ラピュタの崩壊(合唱/杉並児童合唱団)　⑭君をのせて(歌/井上あずみ)

「天空の城ラピュタ」シンフォニー編　大樹

1986.12.21　LP/カセット※共に廃盤

1987.01.25　CD　徳間ジャパンコミュニケーションズ

①プロローグ〜出会い　②Gran'ma Dola　③空中散歩　④ゴンドア(母に抱かれて)　⑤大いなる伝説　⑥大活劇　⑦鉱山町　⑧時間《とき》の城

1987年　**この愛の物語　オリジナル・サウンドトラック**

1987.10.05　東芝EMI

①オープニング・テーマ　②レイン / 甲斐よしひろ(作曲/甲斐よしひろ)　③Born to be a runner / 三浦秀美　④Take me to the party / 黒住憲五　⑤Flying High/SYOKO　⑥時間よ古い友達なら / 久石譲　⑦鳥のように / 和田加奈子　⑧黒のラプソディ / BOØWY(作曲/氷室京介)　⑨Bitter Luck Lovers / 伊東真由美　⑩ALL NIGHT / 高中正義(作曲/高中正義)　⑪眼差し / 黒住憲五　⑫心戦場 / 大和美恵子

「となりのトトロ」イメージ・ソング集

1987.11.25　LP/カセット※共に絶盤

1987.11.25　CD　徳間ジャパンコミュニケーションズ

①となりのトトロ(歌/井上あずみ)　②風のとおり道(歌/杉並児童合唱団)　③さんぽ(歌/井上あずみ・杉並児童合唱団)　④まいご(歌/井上あずみ)　⑤すすわたり(歌/杉並児童合唱団)　⑥ねこバス(歌/北原拓)　⑦ふしぎしりとりうた(歌/森公美子)　⑧おかあさん(歌/井上あずみ)　⑨小さな写真(歌/久石譲)　⑩ドンドコまつり(歌/井上あずみ)　⑪風のとおり道(インストゥルメンタル)

1988年　**「となりのトトロ」サウンドトラック集**

1988.05.01　LP/カセット※共に絶盤

1988.05.01　CD　徳間ジャパン

①さんぽーオープニング主題歌ー　②五月の村　③オバケやしき！　④メイとすすわたり　⑤夕暮れの風　⑥こわくない　⑦おみまいにいこう　⑧おかあさん　⑨小さな

オバケ　⑩トトロ　⑪塚森の大樹　⑫まいご　⑬風のとおり道(インストゥルメンタル)　⑭ずぶぬれオバケ　⑮月夜の飛行　⑯メイがいない　⑰ねこバス　⑱よかったね　⑲となりのトトローエンディング主題歌―　⑳さんぽ(合唱つき)

「王家の紋章」イラスト・ストーリー・ビデオ・オリジナル・サウンドトラック
1988.06.21　NECアベニュー　／　復刻盤　キングレコード
①王家の紋章～メイン・テーマ～　②キャロル～きらめく瞳の中に～　③王者～蒼き獅子たち～　④愛のテーマ～はるかなる時空(とき)を超えて～　⑤キャロル～想い～黄金の乙女の夢～

「となりのトトロ」サウンドブック
1988.09.25　LP/カセット※共に絶盤
1988.09.25　CD　徳間ジャパンコミュニケーションズ
①風のとおり道 -Acoustic Version-　②おかあさん　③五月の村　④さんぽ　⑤となりのトトロ　⑥まいご　⑦すすわたり　⑧ねこバス　⑨小さな写真　⑩風のとおり道

「ヴイナス戦記」イメージアルバム
1988.12.21　WARNER-PIONEER
①ヴイナスの彼方へ　②灼熱のサーキット　③青空市場　④イシュタルの襲来　⑤愛のテーマ (For Maggie)　⑥青春の疾走　⑦スウのテーマ　⑧ヴイナスの風 (Wind On The Venus)　⑨イオ・City　⑩燃える戦場

1989年　**「魔女の宅急便」イメージアルバム**
1989.04.10　カセット※廃盤　CD　徳間ジャパンコミュニケーションズ
①かあさんのホウキ　②ナンパ通り　③町の夜　④元気になれそう　⑤渚のデイト　⑥風の丘　⑦トンボさん　⑧リリーとジジ　⑨世界って広いわ　⑩パン屋さんの窓　⑪突風　⑫木洩れ陽の路地

「ヴイナス戦記」オリジナル・サウンドトラック
1989.04.10　／　2005.12.21　コロムビア
①メインテーマ(ヴイナスの彼方へ)　②青空市場―スピトーンにてー　③灼熱のサーキット　④愛のテーマ(For Maggie)　⑤青春の疾走　⑥メインテーマーハウンドー(Reprise)　⑦ヴイナスの風(Wind On The Venus)　⑧デッド・ポイント　⑨スウVS. ドナー　⑩戦場、そして残るものは…　⑪明日への風

「魔女の宅急便」サントラ音楽集
1989.08.10　カセット※廃盤　1989.08.25　LP※廃盤
1989.08.25　CD　徳間ジャパンコミュニケーションズ
①晴れた日に…　②旅立ち　③海の見える街　④空とぶ宅急便　⑤パン屋の手伝い　⑥仕事はじめ　⑦身代わりジジ　⑧ジェフ　⑨大忙しのキキ　⑩パーティーに間に合わない　⑪オソノさんのたのみ事…　⑫プロペラ自転車　⑬とべない！　⑭傷心のキキ　⑮ウルスラの小屋へ　⑯神秘なる絵　⑰暴飛行の自由の冒険号　⑱おじいさんのデッキブラシ　⑲デッキブラシでランデブー　BONUS TRACK⑳ルージュの伝言(歌/荒井由実)　㉑やさしさに包まれたなら(歌/荒井由実)

「魔女の宅急便」ヴォーカル・アルバム
1989.11.25　カセット※廃盤　CD　徳間ジャパンコミュニケーションズ
①めぐる季節　②何かをさがして　③想い出がかけぬけてゆく　④わたしのこころ　⑤黄昏の迷い子たち(宝野アリカ)　⑥鳥になった私(宝野アリカ)　⑦好きなのに！(宝野アリカ)　⑧あこがれのまち　⑨魔法のぬくもり

1990年　**「タスマニア物語」オリジナル・サウンドトラック**

1990.07.21　ポニーキャニオン　PCCA-00095

①タスマニア物語―オープニングー　②直子との出会い　③タスマニア島へ出発〜メインテーマ〜　④父と子の再会　⑤正一と実の友情　⑥タスマニアの動物達　⑦森の銃声〜栄二の決断　⑧草原の子供達　⑨正一と実、森の奥へ　⑩闇の中のタスマニアデビル　⑪正一と実の別れ　⑫タスマニアの虹　⑬栄二の告白　⑭直子の草笛　⑮父と子のふれあい　⑯旅立ちータスマニアタイガーを求めてー　⑰「僕は見たんだよ、父さんのタスマニアタイガー」　⑱正一と栄二、それぞれの思い　⑲エピローグ　⑳タスマニア物語〜メインテーマ〜

1991年　**「仔鹿物語」サウンド・シアター・ライブラリー**

1991.03.21　NECアベニュー

釧路湿原・秋①釧路湿原　②別海への道　③牧場のある風景　④夕映えの湖　出逢い⑤恋するふたり　⑥流氷とエゾ鹿　⑦墓標　⑧花子との別れ　⑨出逢い（メインテーマ）　駅（ステーション）⑩塘路駅にて　⑪初乳　⑫仔鹿のソネット　家族の肖像⑬家族の肖像　恋人たちの渚⑭恋人たちの渚　走れラッキー⑮突然の出来事　⑯約束　⑰走れラッキー　父の背中⑱父の背中　暗闇の中で⑲行者葫　⑳日暮の雑木林　㉑暗闇の中で　エンジェル・ハート㉒家族の絆　㉓誓い　ラッキーを救え㉔愛のリレーPart 1　㉕愛のリレーPart 2　㉖愛のリレーPart 3　㉗愛のリレーPart 4　仔鹿と子供たち㉘仔鹿と子供たち（メインテーマ）　老人と子供㉙老人と子供　さよならの予感㉚風立ちぬ　㉛野生のめざめ　㉜さよなら列車　㉝さよならの向こう側　希望へのUターン㉞希望へのUターン　仔鹿物語〜メインテーマ〜㉟仔鹿物語〜メインテーマ〜

「ふたり」サウンド・シアター・ライブラリー

1991.04.21　NECアベニュー

2001.10.30　復刻盤　オリジナル・サウンドトラック　Wonderland Records

【サウンド・シアター・ライブラリー】

プロローグ①風の時間―オープニング・テーマ　②モノクローム　すぐ近くで…③北尾家の人々　④父と娘　⑤不意の出来事　⑥白い指先　明るい日⑦実加と真子　⑧少女のままで　追憶⑨別れの予感　⑩揺れるボタン　⑪姉の初恋　友だち⑫風になって　⑬いま泣いたカラスが…　⑭石段の道　⑮海の見える風景　⑯命の糸　⑰拍手の中の二人　卒業・入学⑱ふたりと二人　⑲きらめきの瞬間　悪意⑳汚された台本　㉑黒い電話　㉒震え　㉓いたわり　㉔独り暮し　ミュージカル㉕宴の光と影　㉖痛み　家族の絆㉗淋しいひとたち　㉘失ったもの　エピローグ㉙白いページ　㉚草の想いーふたり・愛のテーマ

【オリジナル・サウンドトラック】

①草の想い〜ふたり・愛のテーマ　②風の時間　③モノクローム　④父と娘　⑤不意の出来事　⑥少女のままで　⑦別れの予感　⑧揺れるボタン　⑨姉の初恋　⑩風になって　⑪海の見える風景　⑫きらめきの瞬間　⑬震え　⑭いたわり　⑮独り暮し　⑯宴の光と影　⑰淋しいひとたち　⑱失ったもの　⑲白いページ

1992年　**天外魔境II 卍MARU ／FAR EAST OF EDEN MANJI MARU**

1992.02.01　NECアベニュー　※久石譲担当楽曲のみ掲載

①タイトル　②オープニング（宇宙空間）　③卍丸のテーマ　④極楽のテーマ　⑤カブキのテーマ　⑥絹のテーマ　⑦Lマップ（通常）　⑬Lマップ（聖剣有り）　⑰エンディング

「紅の豚」イメージアルバム

1992.05.25　カセット※廃盤　CD　徳間ジャパンコミュニケーションズ

①アドリア海の青い空　②冒険飛行家の時代　③真紅の翼　④雲海のサボイア
⑤ピッコロ社　⑥戦争ゴッコ　⑦ダボハゼ　⑧アドリアーノの窓　⑨世界恐慌
⑩マルコとジーナのテーマ

1992年　**「紅の豚」サウンドトラック**
1992.07.25　カセット※廃盤　CD　徳間ジャパンコミュニケーションズ
①時代の風ー人が人でいられた時ー　②MAMMAIUTO《マンマユート》　③Addio!《アディオ》　④帰らざる日々
⑤セピア色の写真　⑥セリピア行進曲《マーチ》　⑦Flying boatmen　⑧Doom ー雲の罠ー
⑨Porco e Bella（ポルコ エ ベッラ）　⑩Fio-Seventeen　⑪ピッコロの女たち　⑫Friend
⑬Partner ship　⑭狂気—飛翔—
⑮アドリアの海へ　⑯遠き時代を求めて　⑰荒野の一目惚れ　⑱夏の終わりに　⑲失われた魂—LOST SPIRIT—　⑳Dog fight　㉑Porco e Bella—Ending—　㉒さくらんぼの実る頃（歌/加藤登紀子）　㉓時には昔の話を（歌/加藤登紀子）

「B＋1」Original Movie's Sound Track Themes
1992.10.21　NECアベニュー
①Murder case A (Remix)～「熱海殺人事件」～　②As time passes (Original Soundtrack)～「NASA—未来から落ちてきた男—」～　③Next Win (Remix)～「カンバック」～　④Edge of Ice（Original Soundtrack）～「極楽渡世の素敵な面々」～
⑤Against Love（Original Soundtrack）～「極楽渡世の素敵な面々」～　⑥Dear Friends (Original Soundtrack)～「福沢諭吉」～　⑦The Fatal day (Original Soundtrack)～「福沢諭吉」～　⑧Spring Powder（Original Soundtrack）～「春の鐘」～　⑨Remorse Wind (Original Soundtrack)～「春の鐘」～　⑩Fairy Dance (Original Soundtrack)～「ペエスケ ガタピシ物語」～　⑪Dairy (Remix)～「釣りバカ日誌2」～

1991年　**「あの夏、いちばん静かな海」**
1991.10.09　東芝EMI
2001.06.28　復刻盤　Wonderland Records
①Silent Love (Main Theme)　②Clifside Waltz Ⅰ　③Island Song　④Silent Love (In Search Of Something)　⑤Bus Stop　⑥While At Work　⑦Clifside Waltz Ⅱ
⑧Solitude　⑨Melody Of Love　⑩Silent Love (Forever)　⑪Alone　⑫Next Is My Turn
⑬Wave Cruising　⑭Clifside Waltz Ⅲ

1993年　**「はるか、ノスタルジィ」**
1993.01.21　サウンド・シアター・ライブラリー　NECアベニュー
2001.10.30　サウンドトラック　復刻盤　Wonderland Records
【「はるか、ノスタルジィ」サウンド・シアター・ライブラリー】
①プロローグ　**「はるかの方へ」**②出会い～追憶のX.T.C.～　③融合　④回想～突然の友の死～　⑤赤坂のバー　⑥時間の丘～慎介とはるか～　⑦高島岬　⑧乙女の発言～夢を信じて～　⑨記憶のかけら　**「三好遥子の方へ」**⑩娼家街　⑪塗りつぶされた過去～アリア・ソリチュード（イタリア語バージョン）～　⑫回想～公園の出来事～
⑬過去と現在　⑭帰り道　**「佐藤弘の方へ」**⑮時間の丘～弘とはるか～　⑯乙女の発言～言葉を信じて～　⑰殺意　⑱知りたい　⑲悔恨　⑳母さんを殺した？　㉑父の死
㉒回想～物語の結末～　**「はるか、ノスタルジィ」**㉓エピローグ　㉔やるせないアリア～アリア・ソリチュード（日本語バージョン）～
【サウンドトラック】
①出会い～追憶のX.T.C.～　②プロローグ　③融合　④回想～突然友の死～　⑤赤坂のバー　⑥時間の丘～慎介とはるか～　⑦高島岬　⑧乙女の発言～夢を信じて～
⑨塗りつぶされた過去～アリア・ソリチュード（イタリア語バージョン）～　⑩過去と現在

⑪乙女の発言～言葉を信じて～　⑫殺意　⑬悔恨　⑭回想～物語の結末から～
⑮エピローグ　⑯やるせないアリア～アリア・ソリチュード(日本語バージョン)～

1993年　「Sonatine　ソナチネ」
1993.06.09　東芝EMI
①Sonatine Ⅰ～act of violence～　②Light and darkness　③Play on the sands
④Rain after that　⑤A on the fullmoon of mystery　⑥Into a trance　⑦Sonatine Ⅱ
～in the beginning～　⑧Magic mushroom　⑨Eye witness　⑩Runaway trip
⑪Möbius band　⑫Die out of memories　⑬See you....　⑭SonatineⅢ～be over～

「水の旅人―侍KIDS―」オリジナル・サウンドトラック
1993.08.04　キングレコード
①水の旅人～プロローグ～　②悟と家族　③カルチャーワルツ　④悟と少名彦　⑤公園の散歩道　⑥カラスとの決闘　⑦夢を叶えて　⑧ダムに沈む村　⑨水車小屋　⑩レクイエム　⑪父の宝物　⑫武士道　⑬少名彦の願い　⑭ウォーターシュート　⑮悟の願い　⑯水の旅人～メイン・テーマ～　⑰あなたになら…(オリジナル・サントラ・バージョン)(歌：中山美穂)

1994年　**オリジナル・サウンドトラック「ぴあの」Volume 1**
1994.06.25　パイオニア
①ぴあの(JOE'S PROJECT)　②Ripply Mind～さざめく心　③Run to Me　④Gleam～輝く瞬間　⑤The Bonds of Love～愛情の絆　⑥Fortepiano～心の機微
⑦Suspicious　⑧ぴあの～かけがえのない妹　⑨From Pianissimo～小さな決心
⑩Path to the Lights～希望への道　⑪White Lie～罪のない嘘　⑫Closed Fist～閉じられた手　⑬Twitter～姉妹の喜び　⑭Forenoon～夜明け　⑮Behind Backs～ひそかな裏切り　⑯Instrumental～ぴあの

オリジナル・サウンドトラック「ぴあの」Volume 2
1994.08.25　パイオニア
①ぴあの(純名里沙＆JOE'S PROJECT)　②South Wind～南風　③Regrets～夕焼け
④Music Box～lost　⑤Searching Time～探しもの　⑥Broken Whistle～拾いもの
⑦She Calls～おむかえ　⑧Side Walk～草笛　⑨Piano　⑩Music Box～found
⑪Tears～夜　⑫No answer　⑬ぴあの～Instrumental　⑭へんなまち(純名里沙)
⑮ぴーかぴか(純名里沙)

釣りバカ日誌　ミュージックファイルVol.1
1994.12.21　VAP　※久石譲担当作「釣りバカ日誌2」のみ掲載
〈映画「釣りバカ日誌２」音楽：久石譲〉
⑨プロローグ　⑩「釣りバカ日誌２」メインテーマ　⑪佐々木課長のテーマ～ハマちゃんの課長談義　⑫ハマちゃん家《ち》の夜　⑬スーさん一人旅～弥生との出会い　⑭伊良湖岬のハマちゃんとスーさん～ハマちゃんが免職!?　1M15　2M16　3M17　⑮弥生とスーさんの再会～ハマちゃん不倫疑惑　⑯弥生との別れ　⑰大団円

1996年　「Kids Return」
1996.06.26　POLYDOR
①MEET AGAIN　②GRADUATION　③ANGEL DOLL　④ALONE　⑤AS A RIVAL
⑥PROMISE...FOR US　⑦NEXT ROUND　⑧DESTINY　⑨I DON'T CARE　⑩HIGH SPIRITS　⑪DEFEAT　⑫BREAK DOWN　⑬NO WAY OUT　⑭THE DAY AFTER
⑮KIDS RETURN

1996年　**「銀河鉄道の夜／NOKTO DE LA GALAKSIA FERVOJO」**
1996.07.20　日本コロムビア
2013.07.24　復刻盤　日本コロムビア
①銀河鉄道の夜　②三人の漂流者　③プリオシン海岸　④天気輪のワルツ　⑤鳥を捕る人　⑥ジョバンニの風景　⑦北十字　⑧サザンクロスの祈り〜New World 〜(作曲/アントニン・ドヴォルザーク)　⑨カムパネルラ　⑩銀河鉄道の夜(reprise)

「もののけ姫」イメージアルバム
1996.07.22　徳間ジャパンコミュニケーションズ
①アシタカ𦻙記《せっき》　②タタリ神　③失われた民　④もののけ姫　⑤ヤックル　⑥シシ神の森　⑦エボシ御前　⑧コダマ達　⑨犬神モロの公　⑩アシタカとサン

1997年　**「パラサイト・イヴ」**
1997.02.01　POLYDOR
①EVE-Vocal Version　②Choral　③Cell　④Darkness　⑤Explosion
⑥EVE-Piano Version

「もののけ姫」サウンドトラック
1997.07.02　徳間ジャパンコミュニケーションズ
①アシタカ𦻙記《せっき》　②タタリ神　③旅立ち一西へ一　④呪われた力　⑤穢土《えど》　⑥出会い　⑦コダマ達　⑧神の森　⑨夕暮れのタタラ場　⑩タタリ神II—うばわれた山—　⑪エボシ御前　⑫タタラ踏む女達—エボシ タタラうたー　⑬修羅　⑭東から来た少年　⑮レクイエム　⑯生きろ　⑰シシ神の森の二人　⑱もののけ姫 インストゥルメンタルバージョン　⑲レクイエムII　⑳もののけ姫 ヴォーカル　㉑戦いの太鼓　㉒タタラ場前の闘い　㉓呪われた力II　㉔レクイエムIII　㉕敗走　㉖タタリ神III　㉗死と生のアダージョ　㉘黄泉の世界　㉙黄泉の世界II　㉚死と生のアダージョII　㉛アシタカとサン　㉜もののけ姫 ヴォーカル エンディング　㉝アシタカ𦻙記 エンディング

1998年　**「HANA-BI」**
1998.01.01　POLYDOR
①HANA-BI　②Angel　③Sea of Blue　④...and Alone　⑤Ever Love　⑥Painters
⑦Smile and Smile　⑧Heaven's Gate　⑨Tenderness　⑩Thank You,...for Everything
⑪HANA-BI (reprise)

交響組曲「もののけ姫」
1998.07.08　徳間ジャパンコミュニケーションズ
①第一章　アシタカ𦻙記《せっき》　②第二章　TA・TA・RI・GAMI　③第三章　旅立ち〜西へ〜　④第四章　もののけ姫　⑤第五章　シシ神の森　⑥第六章　レクイエム〜呪われた力〜　⑦第七章　黄泉の世界〜生と死のアダージョ〜　⑧第八章　アシタカとサン

「時雨の記」サウンドトラック
1998.10.31　コロムビア
①鼓動　②再会　③二十年の想い　④鼓動II〜告白　⑤la pioggia 〜鎌倉　⑥絵志野　⑦躍動　⑧驟雨　⑨la pioggia 〜時雨亭　⑩誓い　⑪家族　⑫二人だけの場所　⑬運命　⑭グラナダ　⑮スペインの風　⑯鼓動III〜時雨亭跡　⑰静かな愛　⑱残像　⑲命　⑳残されたもの　㉑鼓動IV〜吉野山　㉒la pioggia

1989年　NHKスペシャル「驚異の小宇宙・人体」サウンド・トラック／THE UNIVERSE WITHIN

1989.05.21　NECアベニュー

①THE INNERS Opening Theme-Synthesizer Version ～遥かなる時間《とき》の彼方へ～
②TOUR IN CELL ～ミクロの戦士たち～　③FANTASY ～かくも壮大なる小宇宙～
④MYSTERIOUS LOVE ～ひと・そして・愛～　⑤TRASIENT LIFE ～うたかたの夢～
⑥MICROWORLD ～10数ミクロンの遠景～　⑦BIRTH ～生命《いのち》の歓び～　⑧THE ORIGIN OF SPECIES ～35億年の結晶～　⑨INNER VOYAGE ～内なる宇宙への航海《たびだち》～　⑩MIND SPACE ～永遠の亜空間旅行～　⑪SYSTEM OF LIFE ～細胞60兆のめくるめく世界～
⑫THE INNERS Ending Theme-Orchestra Version ～遥かなる時間《とき》の彼方へ～

1990年　NHKスペシャル「驚異の小宇宙・人体」サウンドトラックII／MORE THE UNIVERSE WITHIN

1990.12.21　NECアベニュー

①THE INNERS ～遥かなる時間《とき》の彼方へ～ Opening Theme Synthesizer Version
②HEART OF NOISE ～生命胎動～　③STRANGER ～かくも果てしなき未知の世界へ～
④DÉJÀVU ～わればかりかく思うにや～　⑤OMEGA QUEST ～永遠なる探索者～
⑥VOICE OF SILENCE ～静寂の中の初声～　⑦ANIMA PORTRAIT ～魂の肖像～
⑧ONE NIGHT DREAM ～千億光年の夢物語～　⑨HUMAN WAVE ～60兆のさざなみ～
⑩THE INNERS ～遥かなる時間《とき》の彼方へ～ Violin Version

1993年　NHKスペシャル驚異の小宇宙［人体II］サウンドトラックVol.1／脳と心 BRAIN&MIND

1993.12.17　ポニーキャニオン

①BRAIN & MIND 未知の秘境へのいざない　②NEW GENERATION 未来人への予感
③MEMORIES OF… 鮮やかな記憶の残照　④PRINCIPLE OF LOVE やさしさの芽生え
⑤WHY DO THE PEOPLE 長い旅路の果て　⑥GONE TO SCIENCE 時空を越え、憧憬を求めて　⑦IMAGINATION FACTORY 魔術師たちの部屋　⑧MYSTERIOUS NEURON きらめく神秘の世界　⑨NATURAL SELECTION 消えゆくものたちへの挽歌　⑩ETERNAL HARMONY ひらめきの瞬間　⑪EMOTION 永遠の春

1994年　NHKスペシャル驚異の小宇宙［人体II］サウンドトラックVol.2／脳と心 BRAIN&MIND

1994.03.18　ポニーキャニオン

①COMPASSION はぐくまれた命　②RETURN TO LIFE 驚異の再生能力　③DREAM OF GAEA 懐かしき時夢　④FAR AND AWAY 意識と無意識の狭間　⑤PROCESS OF EVOLUTION 運命の万華鏡　⑥PERFECT RESONANCE 魂の共鳴　⑦A MOMENT OF HAPPINESS 至福の瞬間　⑧HUMAN NATURE 美しさと詭さと　⑨MIND SPACE ODYSSEY はるかな道へのいざない　⑩FLASHOVER この一瞬にこめた想い

1999年　NHKスペシャル「驚異の小宇宙・人体III～遺伝子・DNA」サウンドトラック Vol.1　Gene―遺伝子―

1999.04.28　ポニーキャニオン

①Gene　②遥かなる時を超えて　③Mysterious Operation　④History　⑤Micro Cosmos　⑥Cell Division　⑦Children's Whisper　⑧Wonderful Life　⑨A Gift From Parents　⑩Choral For Gene

1999年　**NHKスペシャル「驚異の小宇宙・人体III〜遺伝子・DNA」サウンドトラック Vol.2　Gene—遺伝子—Vol.2**

1999.08.04　ポニーキャニオン

①History (Remix)　②Gene　③Eternal Mind　④Desire　⑤Gene (Wood Winds)　⑥Choral For Gene (Another Version)　⑦Pandora's Box　⑧Ophelia　⑨Gene (Piano)　⑩Telomere　⑪遥かなる時を超えて (Another Version)　⑫Gene (Violin+Cello)　⑬A Gift From Parents (Remix)

菊次郎の夏　サウンドトラック

1999.05.26　POLYDOR

①Summer　②Going Out　③Mad Summer　④Night Mare　⑤Kindness　⑥The Rain　⑦Real Eyes　⑧Angel Bell　⑨Two Hearts　⑩Mother　⑪River Side　⑫Summer Road

JOE HISAISHI Best Selection

1999.12.22　ジェネオン エンタテインメント

①Piano　②Hush~木洩れ陽の路地「魔女の宅急便」　③Rosso Adriatico~真紅の翼「紅の豚」　④MIRAGE~1994 Paradise　⑤I Stand Alone~追憶のX.T.C.「はるか、ノスタルジィ」　⑥I Believe In You~あなたになら「水の旅人」　⑦Girl~「時をかける少女・メインテーマ」　⑧GRANADA　⑨ぴあの (English Version)　⑩Two Of Us~草の想い「ふたり」　⑪THE WALTZ~For World's End「女ざかり」メインテーマ　⑫Here We Are~青春のモニュメント「青春デンデケデケデケ」　⑬Labyrinth of Eden　⑭ぴあの (純名里沙&JOE'S PROJECT) 〜ぴあの「NHK朝の連続テレビ小説」

2000年　**「はつ恋」オリジナル・サウンドトラック**

2000.03.23　POLYDOR

①Prologue 〜Spring Rain　②手紙　③Challenge　④桜の木の下で　⑤時は流れて　⑥Spring Rain　⑦秘密　⑧Mother's love　⑨おもいで　⑩時は流れてII　⑪はつ恋　⑫再会　⑬願い桜　⑭Portrait of Family　⑮Epilogue 〜はつ恋

川の流れのように　オリジナル・サウンドトラック

2000.04.09　コロムビア

①Village Song(ブルガリアン・ソング)　②Memories　③ふれあい・I　④記憶の扉　⑤ときめき　⑥Old Fishermans　⑦グラフィティ　⑧ふれあい・II　⑨残された時間　⑩Memories ~refrain~　⑪The River　⑫A Storm　⑬Voice of the Sea(ブルガリアン・ソング)　⑭時は流れて　⑮The River ~別れ~　⑯川の流れのように2000(エンディング)作詞:秋元 康　作曲:見岳 章　歌:美空ひばり

2001年　**BROTHER　オリジナル・サウンドトラック**

2001.01.17　POLYDOR

①Drifter…in LAX　②Solitude　③Tattoo　④Death Spiral　⑤Party ~one year later~　⑥On the shore　⑦Blood brother　⑧Raging men　⑨Beyond the control　⑩Wipe out　⑪Liberation from the death　⑫I love you…Aniki　⑬Ballade　⑭BROTHER　⑮BROTHER -remix version-

「千と千尋の神隠し」イメージアルバム

2001.04.04　徳間ジャパンコミュニケーションズ

①あの日の川へ(歌/う〜み)　②夜が来る　③神々さま(歌/おおたか静流)　④油屋(あぶらや)(歌/上條恒彦)　⑤不思議の国の住人　⑥さみしい さみしい(歌/ムッシュかまやつ)　⑦ソリチュード　⑧海　⑨白い竜(歌/RIKKI)　⑩千尋のワルツ

2001年 joe hisaishi meets kitano films

2001.06.21 POLYDOR

①INTRO:OFFICE KITANO SOUND LOGO ②Summer(菊次郎の夏) ③The Rain(菊次郎の夏) ④Drifter… in Lax (BROTHER) ⑤Raging Men (BROTHER) ⑥Ballade (BROTHER) ⑦BROTHER(BROTHER) ⑧Silent Love (Main Theme)(あの夏、いちばん静かな海。) ⑨Clifside WaltzIII(あの夏、いちばん静かな海。) ⑩Bus Stop(あの夏、いちばん静かな海。) ⑪Sonatine I ~act of violence~ (Sonatine) ⑫Play on the sands (Sonatine) ⑬KIDS RETURN (Kids Return) ⑭NO WAY OUT (Kids Return) ⑮Thank you,...for Everything(HANA-BI) ⑯HANA-BI(HANA-BI)

「千と千尋の神隠し」サウンドトラック

2001.07.18 徳間ジャパンコミュニケーションズ

①あの夏へ ②とおり道 ③誰もいない料理店 ④夜来る ⑤竜の少年 ⑥ボイラー虫 ⑦神さま達 ⑧湯婆婆 ⑨湯屋の朝 ⑩あの日の川 ⑪仕事はつらいぜ ⑫おクサレ神 ⑬千の勇気 ⑭底なし穴 ⑮カオナシ ⑯6番目の駅 ⑰湯婆婆狂乱 ⑱沼の底の家 ⑲ふたたび ⑳帰る日 ㉑いつも何度でも(歌/木村弓)

Quartet – カルテット・オリジナル・サウンドトラック

2001.09.27 POLYDOR

①Main Theme ②Student Quartet ③パッサカリア ④Black Wall (Strings Quartet) ⑤浜辺のカルテット ⑥Melody Road (My Neighbour TOTORO ～HANA-BI ～KIDS RETURN) ⑦DA・MA・SHI・絵 (Sax Quartet) ⑧Lover's Rain ⑨冬の夢 ⑩····for Piano ⑪Black Wall (Orchestra) ⑫Quartet g-moll ⑬Main Theme-Remix

LE PETIT POUCET

2001.10.15 STUDIOCANAL MUSIQUE ※輸入盤

①"La lune brille pour toi" (interprétée par Vanessa Paradis) Version Edit ②Le Petit Poucet (Main theme) ③La forêt de Rose ④L'attaque des pillards ⑤Sur le chemin de cailloux blancs ⑥Perdus ⑦Les pièces d'or ⑧Aux loups! ⑨La maison rouge ⑩A la table de l'Ogre ⑪Le jardin secret ⑫L'Ogre ⑬La forêt rouge ⑭Entre l'Ogre et la falaise ⑮Le duel ⑯Le messager de la Reine ⑰"La lune brille pour toi" (interprétée par Vanessa Paradis) Générique de fin

JOE HISAISHI COMPLETE Best Selection コンプリート・ベストセレクション

2001.12.12 パイオニア 復刻盤 ジェネオン

①Forenoon ～夜明け ②Here We Are ～青春のモニュメント 映画「青春デンデケデケデケ」 ③I Believe In You ～あなたになら 映画「水の旅人」 ④さくらが咲いたよ ⑤Path to the Lights ～希望への道 ⑥Hush ～木洩れ陽の路地 映画「魔女の宅急便」 ⑦HOPE ⑧Two Of Us ～草の想い 映画「ふたり」 ⑨Lost Paradise ⑩Lonely Dreamer ～鳥のように 映画「この愛の物語」 ⑪Rosso Adriatico ～真紅の翼 映画「紅の豚」 ⑫Piano(Re-Mix) ～ぴあの NHK朝の連続テレビ小説「ぴあの」 ⑬季節風(Mistral) ⑭The Dawn ⑮Closed Fist ～閉じられた手 ⑯Broken Whistle ～拾いもの

2002年 Castle in the Sky ～天空の城ラピュタ・USAヴァージョン・サウンドトラック～

2002.10.02 徳間ジャパンコミュニケーションズ

①Prologue ～ Flaptors Attack ②The Girl Who Fell from the Sky (Main Theme) ③The Levitation Crystal ④Morning in the Mining Village ⑤Pazu's Fanfare ⑥The Legend of Laputa ⑦A Street Brawl ⑧The Chase ⑨Floating with the Crystal ⑩Memories of Gondoa ⑪Stones Glowing in the Darkness ⑫Disheartened Pazu

⑬Robot Soldiers ～Resurrection - Rescue ～　⑭Dola and the Pirates　⑮Confessions in the Moonlight　⑯The Dragon's Nest　⑰The Lost Paradise　⑱The Forgotten Robot Soldier　⑲The Invasion of Goliath　⑳Pazu Fights Back　㉑The Final Showdown　㉒The Destruction of Laputa (Choral Version)　㉓The Eternal Tree of Life

2002年　**Dolls　オリジナル・サウンドトラック**
2002.10.02　UNIVERSAL J
①桜 –SAKURA–　②白 –PURE WHITE–　③捩 –MAD–　④感 –FEEL–
⑤人形 –DOLLS–

オーケストラストーリーズ「となりのトトロ」
2002.10.23　徳間ジャパンコミュニケーションズ
「オーケストラストーリー となりのトトロ」語り/糸井重里　①さんぽ　②五月の村　③ススワタリ～お母さん　④トトロがいた！　⑤風のとおり道　⑥まいご　⑦ネコバス　⑧となりのトトロ
「となりのトトロ組曲」⑨さんぽ　⑩五月の村　⑪ススワタリ～お母さん　⑫トトロがいた！　⑬風のとおり道　⑭まいご　⑮ネコバス　⑯となりのトトロ

風の盆　NHKドラマ「風の盆から」サウンドトラック
2002.11.23　Wonderland Records
①風の盆　②彷徨(ほうこう)　③邂逅(かいこう)　④風の盆・弐　⑤彷徨・弐　⑥追憶　⑦風の盆・参

壬生義士伝　オリジナル・サウンドトラック
2002.12.26　VOLCANO
①雪の降る夜に　②壬生の狼　③雨の宴(えん)　④「おもさげながんす」　⑤ふるさと―南部盛岡―　⑥討入　⑦蛍　⑧愛しき人へ　⑨別離(わかれ)　⑩時代の足音　⑪義への道　⑫友よ　⑬旅立ち　⑭故郷へ　⑮壬生義士伝

2004年　**イメージ交響組曲「ハウルの動く城」**
2004.01.21　徳間ジャパンコミュニケーションズ
①ミステリアス・ワールド　②動く城の魔法使い　③ソフィーの明日　④ボーイ　⑤動く城　⑥ウォー・ウォー・ウォー(War War War)　⑦魔法使いのワルツ　⑧シークレット・ガーデン　⑨暁の誘惑　⑩ケイヴ・オブ・マインド

「ハウルの動く城」サウンドトラック
2004.11.19　徳間ジャパンコミュニケーションズ
①―オープニング― 人生のメリーゴーランド　②陽気な軽騎兵　③空中散歩　④ときめき　⑤荒地の魔女　⑥さすらいのソフィー　⑦魔法の扉　⑧消えない呪い　⑨大掃除　⑩星の湖《うみ》へ　⑪静かな想い　⑫雨の中で　⑬虚栄と友情　⑭90歳の少女　⑮サリマンの魔法陣～城への帰還　⑯秘密の洞穴　⑰引越し　⑱花園　⑲走れ！　⑳恋だね　㉑ファミリー　㉒戦火の恋　㉓脱出　㉔ソフィーの城　㉕星をのんだ少年
㉖―エンディング― 世界の約束～人生のメリーゴーランド(主題歌「世界の約束」歌/倍賞千恵子)

2005年

「男たちの大和/YAMATO」サウンドトラック

2005.12.14　FOR LIFE MUSIC

①YAMATO(唄：長渕 剛)　②大和の海　③男たちの大和　④光る海　⑤兵士のエチュード　⑥青春の碑《いしぶみ》　⑦海の墓標　⑧沈みゆく太陽　⑨生きる覚悟と死ぬ覚悟　⑩英霊たちの旅立ち　⑪愛の無常　⑫花の降る午後　⑬名残りの雪　⑭女たちの大和　⑮特攻の海　⑯惜別の賦　⑰男たちの挽歌　⑱帰らざる海　⑲青春の巡礼　⑳明日に生きる　㉑大和よ永遠に　㉒CLOSE YOUR EYES(唄・作曲：長渕剛)

A CHINESE TALL STORY 情癲大聖 Original Film Soundtrack

2005.12.20　Music Icon Records　※輸入盤

①情聖 主唱:謝霆鋒, 蔡卓妍("情癲大聖"電影主題曲)Sacred Love　②佛光初現 Prologue/The Triumphant Entrance　③妖夜 Dogfight Over Shache　④奪命煩音 Words Are Lethal　⑤天王有難 Rout of the Four Heavenly Knights　⑥你跳我跳/愛情笨豬跳 Lover's Gambit　⑦"等" Longing For You　⑧在下唐三藏 Yours Truly, Tripitaka　⑨大陰謀 The Conspiracy　⑩棄明投暗 Capitulation　⑪雪中送外 Twirling Snow　⑫君臨天下 Alien Invasion　⑬美-艷 I Can Fly!　⑭戰役愛你一萬年 Help Is On The Way　⑮世界的終末 Annihilation of the Tree Spirit　⑯秘密 The Princess's Secret　⑰再鬧天宮 Storming of the Celestial Court　⑱我知道I Know　⑲回頭是岸 Divine Manifestation　⑳無限的愛 A Journey West

2006年

トンマッコルへようこそ　オリジナル・サウンドトラック

2006.10.04　UNIVERSAL SIGMA

①Welcome to Dongmakgol　②Opening　③Butterfly　④トンマッコルの村　⑤村への行進　⑥N. Korea vs S. Korea　⑦おばあちゃん　⑧Love and Grenade　⑨対立　⑩イノシシ　⑪友情　⑫ソリのワルツ　⑬悲しい過去　⑭バタフライの逆襲　⑮アメリカ軍　⑯Invasion　⑰ヨイルの死　⑱村人との別れと戦いへ　⑲戦闘　⑳男たちは　㉑Paradise

2007年

太陽照常升起/The Sun Also Rises Original Movie Soundtrack

2007.09.19　UNIVERSAL MUSIC HONG KONG　※輸入盤

①黑眼睛的姑娘 –Singanushiga　②前奏曲/瘋狂之開始 -Prologue/When Madness Sets In　③阿遼莎 –Just Call Me Aloysha　④樹上的瘋子 –Madman On A Tree　⑤尋找母親 –Looking For Mother　⑥母親在何方? –Where Is Mother?　⑦再一次 –Here She Goes Again　⑧回憶 –Reminiscence　⑨母親的秘密小白宮 –Mother's Secret Lair　⑩神奇的康復 –A Miraculous Recovery　⑪母親消失 –The Mother Vanishes　⑫進行曲 –The Parade　⑬心靈深處 –One From Her Heart　⑭暗戀者的表白 –Confession of A Secret Admirer　⑮狩獵進行曲 –The Hunting Party　⑯引誘 –Seduction　⑰狩獵/小白宮 –The Hunt/The Lair　⑱背叛之夜 –Night Of The Betrayal　⑲最后的一槍 –Final Reckoning　⑳黑眼睛的姑娘 –Singanushiga　㉑太陽照常升起 –The Sun Also Rises

マリと子犬の物語　オリジナル・サウンドトラック

2007.12.05　ドリーミュージック・

①ふるさと　②ついて来る…　③子犬と彩　④お母さんの手紙　⑤おじいちゃんの隠し事　⑥母への想い　⑦あたらしい家族　⑧予兆　⑨パニック　⑩マリの救出劇　⑪倒壊　⑫ふるさとの悲劇　⑬マリの活躍　⑭災害救助隊　⑮別れ　⑯母と子と　⑰マリに会いたい　⑱彩と亮太　⑲家族の絆　⑳まほうのつえ　㉑グー・チョキ・パー　㉒奇跡の再会　㉓かけがえのないもの　㉔「今、風の中で」映画バージョン

2007年　**太王四神記 オリジナル・サウンドトラック Vol.1**

2007.12.12　avex

①オープニング　②聖戦　③タムドクのテーマ 〜メインテーマ〜　④スジニのテーマ 〜淋しさ〜　⑤キハのテーマ 〜運命的な出会い〜　⑥団結 —オーケストラバージョンー　⑦敵軍の攻撃　⑧タムドクのテーマ 〜コミカル〜　⑨鍛冶村　⑩不信・疑惑・嫉妬　⑪ホゲのテーマ　⑫神々の戦い　⑬ヒョンゴのテーマ　⑭タムドクのテーマ 〜悲劇的〜　⑮王宮　⑯ファチョン会　⑰運命 —木管メロディーバージョンー　⑱タムドクのテーマ 〜勇壮に〜　⑲勝利へ　⑳運命 —オリジナルバージョンー　㉑スジニのテーマ —ピアノソロバージョンー

2008年　**太王四神記 オリジナル・サウンドトラック Vol.2**

2008.01.25　avex

—CD—①千年恋歌 / 東方神起　②タムドク 〜哀しく〜　③スジニのテーマ 〜コミカル〜　④儀式　⑤団結 —ストリングバージョンー　⑥運命 —サウンドトラックバージョンー　⑦キハのテーマ 〜願い〜　⑧神話　⑨スジニのテーマ 〜黒朱雀へ〜　⑩悲劇的　⑪時は流れて　⑫運命 —ストリングバージョンー　⑬かなわぬ恋　⑭コムル村　⑮初恋　⑯運命 —ピアノ＆ハープバージョンー　⑰スジニのテーマ 〜Love Theme 〜　⑱ゆるして / ジュンソ

—DVD—①タムドクのテーマ 〜メインテーマ〜　②千年恋歌　③ゆるして

「崖の上のポニョ」イメージアルバム

2008.03.05　徳間ジャパンコミュニケーションズ

①崖の上のポニョ 歌：藤岡藤巻と大橋のぞみ　②サンゴ塔　③ポニョ来る　④海のおかあさん Vn.Solo：豊嶋泰嗣　⑤いもうと達 歌：Little Carol　⑥フジモトのテーマ 歌：藤岡藤巻　⑦発光信号　⑧ポニョの子守唄 歌：大橋のぞみ　⑨本当の気持ち 歌：藤岡藤巻　⑩ひまわりの家の輪舞曲《ロンド》 歌：麻衣

「崖の上のポニョ」サウンドトラック

2008.07.16　徳間ジャパンコミュニケーションズ

①深海牧場　②海のおかあさん 歌：林 正子　③出会い　④浦の町　⑤クミコちゃん　⑥ポニョと宗介　⑦からっぽのバケツ　⑧発光信号　⑨人間になる！　⑩フジモト　⑪いもうと達　⑫ポニョの飛行　⑬嵐のひまわりの家　⑭波の魚のポニョ　⑮ポニョと宗介II　⑯リサの家　⑰新しい家族　⑱ポニョの子守唄　⑲リサの決意　⑳グランマンマーレ　㉑流れ星の夜　㉒ポンポン船　㉓ディプノリンクスの海へ　㉔船団マーチ　㉕赤ちゃんとポニョ　㉖船団マーチII　㉗宗介の航海　㉘宗介のなみだ　㉙水中の町　㉚母の愛　㉛トンネル　㉜トキさん　㉝いもうと達の活躍　㉞母と海の讃歌　㉟フィナーレ　㊱崖の上のポニョ（映画バージョン） 歌：藤岡藤巻と大橋のぞみ

おくりびと オリジナル・サウンドトラック

2008.09.10　UNIVERSAL SIGMA

①shine of snow I　②NOHKAN　③KAISAN　④Good - by Cello　⑤New road　⑥Model　⑦first contact　⑧washing　⑨KIZUNA I　⑩beautiful dead I　⑪おくりびと〜on record 〜　⑫Gui - DANCE　⑬shine of snow II　⑭Ave Maria 〜おくりびと　⑮KIZUNA II　⑯beautiful dead II　⑰FATHER　⑱おくりびと〜memory 〜　⑲おくりびと〜ending 〜

2008年　**私は貝になりたい　オリジナル・サウンドトラック**
2008.11.19　UNIVERSAL SIGMA
①プロローグ　②豊松のテーマ　③出会い～メインテーマ　④軍人訓練　⑤B29　⑥13 ～大北山事件～ ⑦連行～汐見岬との別れ　⑧判決　⑨聖書と靴音　⑩友情 I　⑪道行き　⑫友情 II　⑬汐見岬 ～愛しさ～　⑭チェンジブロック　⑮酷　⑯13 ～葡萄酒～　⑰私は貝になりたい

2009年　**SUNNY ET L'ELEPHANT original soundtrack**
2009.03.17　Cristal Records　※輸入盤
①Dara and Sunny, Arriving in Bangkok　②Going to beg　③The Accident　④Rescuing Dara　⑤Poachers　⑥Return of the Patrol　⑦Happy together　⑧Fire!　⑨Boon's Death　⑩By the River　⑪Ready to Fight　⑫Go to the Temple　⑬Waterfalls　⑭Mysteries　⑮Sunny's First Patrol　⑯Becoming a Man　⑰They got Prisoners!　⑱So close to Danger　⑲Escape　⑳Final Battle　㉑Baby Tigers　㉒Guilty　㉓Cool!　㉔Dara and Sunny, End Credits

NHKスペシャルドラマ「坂の上の雲」オリジナル・サウンドトラック
2009.11.18　EMIミュージック・ジャパン
①Stand Alone サラ・ブライトマン×久石 譲　②時代の風　③旅立ち　④ふるさと～松山～　⑤青春　⑥蹉跌《さてつ》　⑦Stand Alone(Vocalise) サラ・ブライトマン×久石 譲　⑧最後のサムライ　⑨Human Love　⑩激動　⑪戦争の悲劇　⑫Stand Alone for Orchestra
【Bonus Track】⑬Stand Alone with Piano サラ・ブライトマン×久石 譲

ウルルの森の物語　オリジナル・サウンドトラック
2009.12.16　UNIVERSAL SIGMA
①ウルルの森～プロローグ～　②風、つかまえた　③動物達の歓迎　④手紙　⑤家族　⑥オオカミ　⑦ウルルの森～出会い～　⑧小さな命　⑨夕景　⑩ウルル　⑪渡せなかった手紙　⑫オオカミ～予兆～　⑬オオカミ～自然のルール～　⑭絶滅　⑮お父さんなんかいらない！～しずくの涙　⑯おかあさん～昴の決心～　⑰真夜中の逃走　⑱手紙～メッセージ～　⑲オオカミ～はるか東へ～　⑳雨の洞窟　㉑救出　㉒転落　㉓父子の誓い～光る沼　㉔父の決断　㉕別れ～生きろ！　㉖大自然の讃歌　㉗おかあさん～絆～　㉘ウルルの唄(映画バージョン)

2010年　**悪人　オリジナル・サウンドトラック**
2010.09.01　Sony Music Records
①深更　②焦燥　③哀切　④黎明　⑤夢幻　⑥彷徨　⑦悪見　⑧昏沈　⑨侮蔑　⑩何故　⑪彼方　⑫追憶　⑬Your Story ～Vocalise ～(久石 譲×福原美穂)　⑭再生　⑮黄昏　⑯Your Story(久石 譲×福原美穂)

NHKスペシャルドラマ「坂の上の雲」オリジナル・サウンドトラック 2
2010.11.17　EMIミュージック・ジャパン
第1部：未収録楽曲より①少年の国　②ガキ大将！真之　③奇跡の時　④悪ガキ行進曲　⑤Stand Alone for Violin & Violoncello　⑥疵《きず》　⑦偵察　⑧狼煙《のろし》　⑨破局の始まり　⑩終《つい》の住処《すみか》　⑪少年の国 for Woodwinds & Strings　⑫広瀬 ～快活な人物～　⑬Stand Alone with Piano サラ・ブライトマン×久石 譲(Bonus track)
第2部：新録音楽曲より⑭若き精鋭たち　⑮真之と季子　⑯律 ～愛と悲しみ～　⑰強国ロシア　⑱アリアズナ　⑲列強と日本《にっぽん》　⑳奸計《かんけい》　㉑慕情　㉒開戦への決意　㉓広瀬の最期　㉔Stand Alone 歌/森 麻季(ソプラノ)

2010年　**「パン種とタマゴ姫」サウンドトラック**
2010.11.20　徳間ジャパンコミュニケーションズ
「ラ・フォリア」(ヴィヴァルディの主題による変奏曲)①主題〜第1変奏　②第２変奏　③第3変奏　④第4変奏　⑤第5変奏　⑥終曲

2011年　**「ラ・フォリア」ヴィヴァルディ／久石 譲 編　「パン種とタマゴ姫」サウンドトラック**
2011.02.02　徳間ジャパンコミュニケーションズ
①主題　②第1変奏　③第2変奏　④第3変奏　⑤第4変奏　⑥第5変奏　⑦終曲

二ノ国 漆黒の魔導士 オリジナル・サウンドトラック
2011.02.09　キングレコード　KING RECORDS
①二ノ国メインテーマ　②始まりの朝　③ホットロイト　④事件発生　⑤アリー〜追憶〜　⑥シズク　⑦強大な魔法　⑧フィールド　⑨ネコ王国の城下町　⑩砂漠の王国の町　⑪帝国行進曲　⑫危機　⑬緊迫　⑭バトル　⑮漆黒の魔導士ジャボー　⑯イマージェン・バトル　⑰迷宮　⑱決戦へ　⑲最後の戦い　⑳奇跡〜再会〜　㉑心のかけら

The Best of Cinema Music
2011.09.07　UNIVERSAL SIGMA
①NAUSICAÄ (映画「風の谷のナウシカ」より)　②Princess Mononoke (映画「もののけ姫」より)　③THE GENERAL (映画「THE GENERAL(キートンの大列車追跡)」より)　④Raging Men (映画「Brother」より)　⑤HANA-BI (映画「HANA-BI」より)　⑥Kids Return (映画「Kids Return」より)　⑦Let The Bullets Fly (映画「譲子弾飛」より)　⑧Howl's Moving Castle (映画「ハウルの動く城」より)　⑨One Summer's Day (映画「千と千尋の神隠し」より)　⑩Summer (映画「菊次郎の夏」より)　⑪Villain (映画「悪人」より)　⑫Ashitaka and San (映画「もののけ姫」より)　⑬My Neighbour TOTORO (映画「となりのトトロ」より)

NHKスペシャルドラマ「坂の上の雲」オリジナル・サウンドトラック 3
2011.11.09　EMIミュージック・ジャパン
第3部：新録音楽曲より①第三部　序章　②孤影悄然　③大地と命と　④煉獄と浄罪　⑤二人の将　⑥絶望の砦 〜二〇三高地ニ起ツ〜　⑦海と命と　⑧天気晴朗ナレドモ波高シ　⑨AIR　⑩運命の死地　⑪日本海海戦　⑫終曲　⑬Stand Alone 久石 譲×麻衣　**第1部：未収録楽曲より**⑭少年の国 III　⑮夢　⑯Stand Alone for Clarinet & Glockenspiel　**第2部：未収録楽曲より**⑰大英帝国のテーマ　⑱獣たちの宴　⑲赤い花　**ボーナス・トラック**⑳Stand Alone with Piano サラ・ブライトマン×久石 譲　㉑Saka No Ue No Kumo

2012年　**NHKスペシャルドラマ「坂の上の雲」オリジナル・サウンドトラック 総集編**
2012.02.22　EMIミュージック・ジャパン
①Stand Alone for Orchestra　②時代の風　③旅立ち　④青春　⑤Human Love　⑥Stand Alone(Vocalise)サラ・ブライトマン×久石 譲　⑦少年の国　⑧アリアズナ　⑨終《つい》の住処《すみか》　⑩広瀬の最期　⑪Stand Alone 歌/森 麻季(ソプラノ)　⑫第三部　序章　⑬絶望の砦 〜二〇三高地ニ起ツ〜　⑭天気晴朗ナレドモ波高シ　⑮日本海海戦　⑯Stand Alone 久石 譲×麻衣　**ボーナス・トラック**⑰Saka No Ue No Kumo

この空の花　―長岡花火物語　オリジナル・サウンドトラック
2012.05.20　PSC
①この空の花(久石譲によるメインテーマ)　②戦争からの手紙　③柿川の少女の記憶　④東日本から来た少年　⑤古里に生きる　⑥1945年8月1日の敵機来襲　⑦想像力と死と生と　⑧空襲と舞踏と母　⑨焼夷弾をサックスで(坂田明 作・演奏)　⑩自然災害と空に咲く花　⑪祈りと再生の叙事詩　⑫まだ戦争には間に合いますか　⑬花火(パスカルズ 作・演奏)　⑭世界中の爆弾を花火に　⑮お別れは一度だけ　⑯それは遠い夏(伊勢正三 作・歌)＆この空に祈りを(久石譲によるエンディング)
【BONUS TRACK】⑰それは遠い夏(歌唱用楽曲)　⑱この空の花(久石譲 作曲)

天地明察　オリジナル・サウンドトラック
2012.09.12　UNIVERSAL SIGMA
①プロローグ　②好奇心　③初手天元　④真剣勝負　⑤予感　⑥えん　⑦北極出地―開始―　⑧星の申し子　⑨見事なる誤問　⑩北極出地―不穏―　⑪北極出地―建部―　⑫任命　⑬観測　⑭確信　⑮三暦勝負　⑯襲撃　⑰挫折　⑱祝言　⑲発見　⑳勅使　㉑約束　㉒最終勝負　㉓決断　㉔運命の刻　㉕天地明察　㉖フィナーレ　㉗TENCHI MEISATSU

2013年　**東京家族　オリジナル・サウンドトラック**
2013.01.16　UNIVERSAL SIGMA
①プロローグ　②初めての東京　③夫婦　④丘の公園　⑤東京観光　⑥うなぎ屋の親子　⑦ホテル　⑧観覧車　⑨孤独　⑩若者たちへ　⑪約束　⑫母さんの死　⑬病院の屋上で　⑭紀子へ　⑮東京家族

Ni no Kuni: Wrath of the White Witch - Original Soundtrack
2013.02.01　WAYO RECORDS　※輸入盤
Disc 1①Ni no Kuni: Dominion of the Dark Djinn ―Main Theme　②One Fine Morning　③Motorville　④The Accident　⑤In Loving Memory of Allie　⑥Drippy　⑦Magic with Oomph　⑧World Map　⑨Ding Dong Dell ―The Cat King's Castle―　⑩Al Mamoon ―Court of the Cowlipha―　⑪Imperial March　⑫Crisis　⑬Tension　⑭Battle　⑮Shadar, the Dark Djinn　⑯A Battle with Creatures　⑰Labyrinth　⑱The Lead-Up to the Decisive Battle　⑲The Showdown with Shadar　⑳Miracle ―Reunion―　㉑Kokoro no Kakera (Japanese Version)　**Disc 2**①Ni no Kuni: Wrath of the White Witch ―Main Theme　②The Fairyground　③Mummy's Tummy　④Battle II　⑤The Horror of Manna　⑥Unrest　⑦Blithe　⑧Sorrow　⑨The Zodiarchs　⑩The Final Battle Against the White Witch　⑪The Wrath of the White Witch　⑫Kokoro no Kakera ―Pieces of a Broken Heart― (English Version)

2013年　**女信長　オリジナル・サウンドトラック**
2013.04.03　ポニーキャニオン
①イスパニアからの使者　②絶体絶命　③奇襲　④女信長　⑤運命の子　⑥嫡男として　⑦哀れな宿命　⑧暴君　⑨御濃　⑩父の死　⑪信長誕生　⑫野望　⑬合戦　⑭城下町　⑮恋心　⑯京上洛　⑰服部半蔵　⑱奏愛　⑲御市　⑳明智光秀　㉑天命　㉒信長の哀しみ　㉓決戦　㉔地獄絵図　㉕最強の敵～武田軍～　㉖悲壮な決意　㉗信長と光秀　㉘本能寺～愛のテーマ～　㉙家康の初恋　㉚信長からの解放　㉛新しい時代

「奇跡のリンゴ」オリジナル・サウンドトラック
2013.06.05　UNIVERSAL SIGMA
①奇跡のリンゴ　②運命の始まり　③母親の言葉　④東京の空　⑤祝言の夜　⑥津軽の風物詩　⑦安全の代償　⑧幸福の訪れ　⑨答えへの入口　⑩挑戦の始まり　⑪試練の訪れ　⑫挑戦の決意　⑬ラバウルの記憶　⑭挑戦の日々　⑮悪夢　⑯三等分の想い　⑰約束の光　⑱現実の地獄　⑲雛子倒れる　⑳薄暮の背中　㉑暗闇の出口　㉒人間の証　㉓挑戦の再開　㉔困窮の果て　㉕ありがとうの言葉　㉖小さな希望　㉗挑戦の続き　㉘リンゴの軌跡

NHKスペシャル「深海の巨大生物」オリジナル・サウンドトラック
2013.06.26　UNIVERSAL SIGMA
第一部①NHKスペシャル深海　メインテーマ　②ミステリー＆ロマンへの誘い　③海のテーマ　④科学者たち　⑤世紀の大調査　⑥ダイブ開始　⑦神秘の海中　⑧初めての発見　⑨セカンドコンタクト　⑩挑戦　⑪ダイオウイカのテーマ　⑫深海へ帰る　⑬達成～メインテーマ～　第二部⑭海に生きる大きな生物　⑮奇跡の大陸ニッポン　⑯深まる謎　⑰海の生命力　⑱深海の強者　カグラザメ　⑲科学者たち～愛～　⑳メガマウスのテーマ　㉑輪廻　㉒NHKスペシャル深海　エンディングテーマ

「風立ちぬ」サウンドトラック
2013.07.17　徳間ジャパンコミュニケーションズ
①旅路(夢中飛行)　②流れ星　③カプローニ(設計家の夢)　④旅路(決意)　⑤菜穂子(出会い)　⑥避難　⑦恩人　⑧カプローニ(幻の巨大機)　⑨ときめき　⑩旅路(妹)　⑪旅路(初出社)　⑫隼班　⑬隼　⑭ユンカース　⑮旅路(イタリアの風)　⑯旅路(カプローニの引退)　⑰旅路(軽井沢の出会い)　⑱菜穂子(運命)　⑲菜穂子(虹)　⑳カストルプ(魔の山)　㉑風　㉒紙飛行機　㉓菜穂子(プロポーズ)　㉔八試特偵　㉕カストルプ(別れ)　㉖菜穂子(会いたくて)　㉗菜穂子(めぐりあい)　㉘旅路(結婚)　㉙菜穂子(眼差し)　㉚旅路(別れ)　㉛旅路(夢の王国)　㉜ひこうき雲(歌/荒井由実)

「かぐや姫の物語」サウンドトラック
2013.11.20　徳間ジャパンコミュニケーションズ
①はじまり　②光り　③小さき姫　④生きる喜び　⑤芽生え　⑥タケノコ　⑦生命《いのち》　⑧山里　⑨衣　⑩旅立ち　⑪秋の実り　⑫なよたけ　⑬手習い　⑭生命《いのち》の庭　⑮宴　⑯絶望　⑰春のめぐり　⑱美しき琴の調べ　⑲春のワルツ　⑳里への想い　㉑高貴なお方の狂騒曲《ラプソディ》　㉒真心　㉓蜩《ひぐらし》の夜　㉔月の不思議　㉕悲しみ　㉖運命《さだめ》　㉗月の都　㉘帰郷　㉙飛翔　㉚天人の音楽Ⅰ　㉛別離(わかれ)　㉜天人の音楽Ⅱ　㉝月　㉞いのちの記憶(唄/二階堂和美)
【Bonustrack】㉟琴の調べ　㊱わらべ唄(作曲/高畑勲)　㊲天女の歌(作曲/高畑勲)

2014年　**小さいおうち　オリジナル・サウンドトラック**
2014.01.22　UNIVERSAL SIGMA
①プロローグ　②僕のおばあちゃん　③上京　④赤い屋根のおうち　⑤昭和　⑥タキと時子　⑦雨の日も風の日も　⑧南京陥落　⑨師走　⑩正治と恭一　⑪嵐の夜　⑫タキの幸せ　⑬本当の所　⑭タキの悲しみ　⑮開戦　⑯事件　⑰別れ　⑱手紙　⑲B29　⑳イタクラ・ショージ記念館　㉑時効　㉒小さいおうち

2014年　Ghibli Best Stories ジブリ・ベスト ストーリーズ

2014.03.12　UNIVERSAL SIGMA

①One Summer's Day　②Kiki's Delivery Service　③Confessions in the Moonlight　④The Wind Forest　⑤谷への道　⑥Fantasia (for NAUSICAÄ)　⑦il porco rosso　⑧Ponyo on the Cliff by the Sea　⑨海のおかあさん　⑩人生のメリーゴーランド –Piano Solo Ver.–　⑪もののけ姫　⑫アシタカとサン　⑬My Neighbour TOTORO

柘榴坂の仇討　オリジナル・サウンドトラック

2014.09.17　UNIVERSAL SIGMA

①悪夢　②夫婦　③敬愛　④予兆　⑤宿命　⑥悲愴　⑦決意　⑧本懐　⑨呵責　⑩本分　⑪安息　⑫時代　⑬前夜　⑭永遠　⑮悔恨　⑯寒椿　⑰邂逅　⑱逡巡　⑲覚悟　⑳出発

2015年　かぐや姫の物語　～女声三部合唱のための～

2015.01.21　徳間ジャパンコミュニケーションズ

①なよたけのかぐや姫（作詞/高畑勲　作・編曲/久石譲）　②わらべ唄（作詞/高畑勲・坂口理子　作曲/高畑勲　編曲/久石譲）

2016年　「家族はつらいよ」オリジナル・サウンドトラック

2016.03.09　UNIVERSAL SIGMA

①はじまり　はじまり　②家族はつらいよ　オープニング　③なんだこれ　④憲子さん　⑤八つ当たり　⑥ご帰宅　⑦ラブ・ストーリー　⑧ヒガイシャ　⑨夫婦になりたい　⑩探偵事務所　⑪心配　⑫こりゃどうも　⑬哀れな父さん　⑭潜入調査　⑮ま・さ・かの再会　⑯級友　⑰本気なのよ　⑱やけ酒　⑲家族会議　⑳富子の告白　㉑サラリーマン　㉒髪結いの亭主　㉓これが目に入らぬか！　㉔ためらい　㉕もしものとき　㉖孫　㉗「ハーイ」　㉘空っぽの部屋　㉙義父へ　㉚周造の告白　㉛家族はつらいよ

映画／CINEMA

※公開年月日順に記載。外国作品など一部不明なものもあります。

1984年　**「風の谷のナウシカ」**　原作・脚本・監督／宮崎駿

「Wの悲劇」　原作／夏樹静子　脚本／荒井晴彦・澤井信一郎　監督／澤井信一郎

1985年　**「早春物語」**　原作／赤川次郎　監督／澤井信一郎

「春の鐘」　原作／立原正秋　監督／蔵原惟繕

1986年　**「アリオン」**　原作・監督／安彦良和

「熱海殺人事件」　原作・脚本／つかこうへい　監督／高橋和男

「天空の城ラピュタ」　原作・脚本・監督／宮崎駿

「めぞん一刻」　原作／高橋留美子　監督／澤井信一郎

1987年　**「恋人たちの時刻」**　原作／寺久保友哉　監督／澤井信一郎

「漂流教室」　原作／楳図かずお　監督／大林宣彦

「この愛の物語」　原作・脚本／つかこうへい　監督／舛田利雄

「ドン松五郎の大冒険」　原作／井上ひさし　監督／後藤秀司

1988年　**「となりのトトロ」**　原作・脚本・監督／宮崎駿

「極道渡世の素敵な面々」　原作／安部譲二　監督／和泉聖治

「グリーン・レクイエム」 原作／新井素子　監督／今関あきよし
1989年　「ヴイナス戦記」 原作・監督／安彦良和　脚本／安彦良和・笹本祐一
「魔女の宅急便」 原作／角野栄子　脚本・監督／宮崎駿
「釣りバカ日誌2」 原作／やまさき十三・北見けんいち　監督／栗山富夫
1990年　「ペエスケ ガタピシ物語」 原作／園山俊二　監督／後藤秀司
「タスマニア物語」 脚本／金子成人　監督／降旗康男
「カンバック」 原作／安部譲二　脚本・監督／ガッツ石松
1991年　「仔鹿物語」 脚本／勝目貴久・澤田幸弘　監督／澤田幸弘
「ふたり」 原作／赤川次郎　監督／大林宣彦
「福沢諭吉」 監督／澤井信一郎
「あの夏、いちばん静かな海。」 脚本・監督／北野武
1992年　「紅の豚」 原作・脚本・監督／宮崎駿
「青春デンデケデケデケ」 原作／芦原すなお　監督／大林宣彦
1993年　「はるか、ノスタルジィ」 原作／山中恒　脚本・監督／大林宣彦
「ソナチネ」 脚本・監督／北野武
「水の旅人〜侍Kids」 原作・脚本／末谷真澄　監督/大林宣彦
1994年　「女ざかり」 原作／丸谷才一　監督／大林宣彦
1996年　「キッズ・リターン」 脚本・監督／北野武
1997年　「パラサイト・イヴ」 原作／瀬名秀明　脚本／君塚良一　監督／落合正幸
「もののけ姫」 原作・脚本・監督／宮崎駿
1998年　「HANA-BI」 脚本・監督／北野武
「時雨の記」 原作／中里恒子　脚本／伊藤亮二・澤井信一郎　監督／澤井信一郎
1999年　「菊次郎の夏」 脚本・監督／北野武
2000年　「はつ恋」 脚本／長澤雅彦　監督／篠原哲雄
「川の流れのように」 脚本／遠藤察男・秋元康　監督／秋元康
2001年　「BROTHER」 脚本・監督／北野武
「千と千尋の神隠し」 原作・脚本・監督／宮崎駿
「Quartet　カルテット」 脚本／長谷川康夫・久石譲　監督／久石譲
※久石譲初監督作品
2001年　「Le Petit Poucet（プセの冒険 真紅の魔法靴）」【仏】 原作／Charles Perrault　監督／Olivier Dahan
2001年　「4 MOVEMENT」 監督／久石譲
2002年　「めいとねこバス」【短編】 原作・脚本・監督／宮崎駿
「Dolls」 脚本・監督／北野武
2003年　「壬生義士伝」 原作／浅田次郎　監督／滝田洋二郎
「Castle in the Sky」【北米版】 ※ディズニー配給の北米版「天空の城ラピュタ」
原作・脚本・監督／宮崎駿　音楽も再録音された
2004年　「ハウルの動く城」 原作／ダイアナ・ウィン・ジョーンズ　脚本・監督/宮崎駿
2004年　「The General（キートンの大列車追跡）」 監督・脚本・出演／Buster Keaton
2005年　「トンマッコルへようこそ（Welcome to Dongmakgol）」【韓国】
脚本／チャン・ジン　監督／パク・クァンヒョン　※日本公開2006.10.28
「男たちの大和/YAMATO」 原作／辺見じゅん　脚本・監督／佐藤純彌
「A Chinese Tall Story（西遊記リローデッド）」【香港】 監督／ジェフ・ラウ
※日本未公開
2006年　「おばさんのポストモダン生活（The Postmodern Life of My Aunt）」【中国】
監督／アン・ホイ

2007年　**「マリと子犬の物語」** 原作／桑原眞二・大野一興　監督／猪股隆一
2007年　**「The Sun Also Rises（陽もまた昇る）」**【中国】 監督／チアン・ウェン
2008年　**「崖の上のポニョ」** 原作・脚本・監督／宮崎駿
「おくりびと」 脚本／小山薫堂　監督／滝田洋二郎
「私は貝になりたい」 原作／加藤哲太郎　脚本／橋本忍　監督／福澤克雄
2008年　**「Sunny et L'elephant」**【仏】 監督／Frederic Lepage　※日本未公開
2009年　**「ウルルの森の物語」** 脚本／吉田智子・森山あけみ　監督／長沼誠
2010年　**「悪人」** 原作・脚本／吉田修一　脚本・監督／李相日
「パン種とタマゴ姫」【短編】 原作・脚本・監督／宮崎駿
「Ocean Heaven（海洋天堂）」【中国】 監督・脚本／シュエ・シャオルー
※日本公開2011.07.09
「さらば復讐の狼たちよ（Let the Bullets Fly）」【中国】 ※テーマ音楽
監督／チアン・ウェン　※日本公開2012.07.06
2011年　**「肩の上の蝶（Rest on Your Shoulder）」**【中国】 監督／ジェイコブ・チャン
※日本未公開
2012年　**「この空の花 —長岡花火物語」** ※テーマ音楽　脚本／長谷川孝治・大林宣彦
監督／大林宣彦
「天地明察」 原作／冲方丁　脚本／加藤正人・滝田洋二郎　監督／滝田洋二郎
2013年　**「東京家族」** 脚本／山田洋次・平松恵美子　監督／山田洋次
「奇跡のリンゴ」 原作／石川拓治　脚本／吉田実似・中村義洋　監督／中村義洋
「ラーメンより大切なもの〜東池袋 大勝軒 50年の秘密〜」 ※エンディングテーマ
監督／印南貴史
「風立ちぬ」 原作・脚本・監督／宮崎駿
「スイートハート・チョコレート」【中国】 脚本／湯迪・米子　監督／篠原哲雄
※日本公開2016.03.26
「かぐや姫の物語」 原作／「竹取物語」　脚本／坂口理子　原案・脚本・監督／高畑勲
2014年　**「小さいおうち」** 原作／中島京子　脚本／山田洋次・平松恵美子　監督／山田洋次
「柘榴坂の仇討」 原作／浅田次郎　脚本／高松宏伸・飯田健三郎・長谷川康夫
監督／若松節朗
2016年　**「家族はつらいよ」** 脚本／山田洋次・平松恵美子　監督／山田洋次
2017年　**「花戦さ」** 原作／鬼塚忠　脚本／森下佳子　監督／篠原哲雄

テレビ／TELEVISION

1989年　NHKスペシャル **「驚異の小宇宙・人体」**
1991年　フジテレビ **「NASA 未来から落ちてきた男」**
1992年　フジテレビ **「大人は判ってくれない」** オープニングテーマ **「君だけを見ていた」**
エンディングテーマ **「Tango X.T.C.」**
1993年　NHKスペシャル **「驚異の小宇宙・人体II 脳と心」**
1993年　北海道テレビ放送 **「人間ビジョンスペシャル　森が歌う日魚が帰る」**
1994年　NHK連続テレビ小説 **「ぴあの」**
1994年　フジテレビ **「時をかける少女」**
1995年　ＮＨＫハイビジョンドラマ **「天空に夢輝き 手塚治虫の夏休み」**
1995年　関西テレビ **「よみがえる森の巨人〜コンゴ・孤児ゴリラ保護センターの記録〜」**

1996年　テレビ信州開局15周年記念番組**「美しき大地と共に〜上高地の懐に生きる〜」**
1997年　日本テレビ**「金曜ロードショー」**オープニングテーマ「Cinema Nostalgia」
1998年　Bs.i**「大アフリカ」、大アフリカ4「王国」**※本人出演
1999年　NHKスペシャル**「驚異の小宇宙・人体III 遺伝子」**
2002年　NHKハイビジョンドラマ**「風の盆から」**
2003年　NHK**「世界美術館紀行」テーマ曲**「Musée imaginaire」
2004年　NHKハイビジョンドラマ**「七子と七生〜姉と弟になれる日」**
2004年　NHKシリーズ**世界遺産100テーマ**
2005年　TBSテレビ放送 戦後60年特別企画**「ヒロシマ」**
テーマ曲「いのちの名前」作曲・ピアノ/久石譲　作詞/覚和歌子　歌/平原綾香
2005年　MBS毎日放送 **美の京都遺産**「Legend」
2006年　テレビ東京**「家族の時間」テーマ曲**
2006年　韓国大河ドラマ**「太王四神記」(全24話)**(2007年〜NHK BS、2008年〜NHK総合にて放送)
2009年　NHK**「第60回NHK紅白歌合戦」テーマソング「歌の力」**
2009年　日本テレビ**「箱根駅伝」テーマ曲**「Runner of the Spirit」
2009年〜2011年　NHKスペシャルドラマ**「坂の上の雲」(全13回)**
2013年　NHKスペシャル**「世界初撮影！深海の超巨大イカ」**
2013年　フジテレビ 2夜連続スペシャルドラマ**「女信長」**
2013年　NHKスペシャル**「シリーズ深海の巨大生物　謎の海底サメ王国」**
2013年　フジテレビ**「長谷川町子物語〜サザエさんが生まれた日〜」**※テーマ曲
2015年　テレビ朝日系**「題名のない音楽会」テーマ曲**「Untitled Music」
2016年　NHKスペシャル**「ディープ・オーシャン　第一集　潜入！深海大峡谷　光る生物たちの王国」**

コマーシャル／COMMERCIAL

「SYNTAX ERROR」カネボウ化粧品『XAUAX』
「MEBIUS LOVE」住友スリーエム『SCOTEHビデオカセットテープ』
「DA・MA・SHI・絵」三井不動産『夢生活』
「セラミック・ビート」日産『フェアレディZ』
「WHITE SILENCE」資生堂UVホワイト
「A VIRGIN & THE PIPE-CUT MAN」東海　東海ベスタバイオパイプ
「THE WINTER REQUIEM」MAZDA Familia 4WD
「OUT OF TOWN」キャノン　キャノビジョン8
「794BDH」MAZDA Familia 4WD
「PÚFF ÁDDER」小西六　コニカ望遠王
「A RAINBOW IN CURVED MUSIC」東洋ゴム工業　TOYO TIRES TRAMPIO
「A Ring of the Air」電気事業連合会　事業PR
「SYNTAX ERROR II」日経産業新聞
「ZTD」日産自動車　日産フェアレディZ
「CLASSIC」サントリー　クラシック
「FROWER MOMENT」オリンパス工業　オリンパスOM2
「月の砂漠の少女(歌劇〝真珠採り〟より)」　日立　マスタックス

「Sunny Shore」日産『サニー』
「Dream」サントリー『山崎』
「Angel Springs」サントリー『山崎』
「Friends」トヨタ『クラウンマジェスタ』
全日空『ANA B-777』キャンペーン
「Nostalgia」サントリー・ピュアモルトウイスキー『山崎』
「Summer」トヨタ『クラウンマジェスタ』
「Happin' Hoppin'」 麒麟麦酒『キリン一番搾り生ビール』
「Silence」 ダンロップ『VEURO』※本人出演
「Ballet au lait」 全国牛乳普及協会
「a Wish to the Moon」 麒麟麦酒『キリン一番搾り生ビール』
「お母さんの写真」 ハウス食品『おうちで食べようシリーズ』
「Asian Dream Song」 トヨタ『トヨタ・カローラ』
「Ikaros」 東ハト『キャラメルコーン』
「Oriental Wind」 サントリー『京都福寿園 伊右衛門』
「Spring」 ベネッセコーポレーション『進研ゼミ』
「I will be」 日産『NEW SKYLINE』(歌/麻衣)
「Woman ～Next Stage～」 レリアン
「Venuses」 カネボウ『いち髪』
「ミサワホーム」 ミサワホーム「Simple&Smart編」
「Adventure of Dreams」 日清食品『日清カップヌードル』
「ハッピー・ヴォイス」 JA共済『幸せの天使篇』
「Tokyu Group 2010」 東急グループ
「LIFE」 中部電力
「ペコちゃんの歌」 不二家 創業100周年イメージソング(歌/森高千里)
「MAZDA BGM ～Heart of Mazda～」 MAZDA『グローバルブランドキャンペーン』
「明日の翼」 JAL『明日の空へ、日本の翼篇』
「伊右衛門」新テーマ サントリー『京都福寿園 伊右衛門』
「Overture -**序曲**-」 オリックス不動産『大阪ひびきの街』
「Dream More」 サントリー ザ・プレミアム・モルツ マスターズドリーム
「みずほ」 みずほフィナンシャルグループ
「東北電力」 東北電力『より、そう、ちから。』
「三井ホーム」 三井ホーム『TOP OF DESIGN』

書籍／BOOK

1992年　『I am − 遥かなる音楽の道へ』(メディアファクトリー)
1994年　『パラダイス・ロスト』(パロル舎)
2006年　『感動をつくれますか？』(角川新書)
2007年　『久石譲35mm日記』(宝島社)
2009年　『耳で考える ― 脳は名曲を欲する』養老孟司×久石譲(角川新書)

その他／OTHERS

1987年　オリジナル・ビデオ・アニメーション「ロボット・カーニバル」
1998年　長野パラリンピック　テーマ曲「旅立ちの時〜Asian Dream Song 〜」
2001年　倶知安町開基百周年記念映像「NATURAL WONDER LAND KUTCHAN」
2004年　うつくしま未来博　イメージソング「永遠の心」、ナイトファンタジア「4 MOVEMENT」
2007年　CoFesta(Japan国際コンテンツフェスティバル)テーマ曲「Links」
2007年　サントリー1万人の第九 25回記念序曲「Orbis」
2008年　コンサート「久石譲in武道館〜宮崎アニメと共に歩んだ25年間〜」
2008年　祝祭音楽劇「トゥーランドット」
2008年　ゆず「ワンダフルワールド」オーケストレーション・指揮担当
2010年　ゲーム「ニノ国　漆黒の魔導士」ニンテンドーDS
2010年　SMAP「We are SMAP!」作曲
2011年　ゲーム「ニノ国　白き聖灰の女王」PlayStation 3
2011年　舞台「希夷之大理」(中国雲南省大理舞台劇　演出／チェン・カイコー)テーマ曲「珍愛深深」
2012年　「フェルメール光の王国展」〜「Vermeer & Escher」
2012年　富山県ふるさとの歌「ふるさとの空」
2013年　日本テレビ開局60年『特別展 京都』テーマソング「懺悔」
2013年　J-WAVE25周年ラジオドラマ『イザベラ・バードの日本紀行』
2014年　富士急ハイランド『富士飛行社』「Mt.Fuji」
2015年　バンド維新2015委嘱作曲「Single Track Music 1」
2015年　認定NPO法人ミュージック・シェアリング「MIDORI Song」
2015年　読響シンフォニックライブ委嘱曲「コントラバス協奏曲」(ソロ・コントラバス：石川滋)
2015年　栃木市市歌「栃木市民の歌　―明日《あす》への希望―」
2016年　ゲーム『シノビナイトメア』メインテーマ「Nightmare」
2016年　ゲーム『ニノ国II　レヴァナントキングダム』